ErlebnisFreizeit

Die schönsten Tagesausflüge im Rheinland

Malerische Städte und Landschaften entdecken

Thilo Scheu

BRUCKMANN

Inhalt

Idyllisch gelegen – die Papiermühle »Alte Dombach« bei Bergisch Gladbach

Blick auf Kleve

Das Rheinland rund um Düsseldorf

Nördliches Rheinland

Abschalten bei einer Wanderung durch die Natur im Neandertal

Vorwort

Das Rheinland zwischen Linz und Kleve! Schier grenzenlos ist das Angebot entlang diesem Rheinabschnitt. Doch wo soll man hin? Welche Ziele lohnen sich für Wanderer, Radfahrer oder Familien? Wo werden die persönlichen Bedürfnisse und Vorlieben berücksichtigt? Wo steht der Spaß, wo die Natur im Vordergrund? Viele Fragen, die man sich stellt, wenn es daran geht, die schönsten Stunden des Jahres zu planen.

Genau dabei soll Ihnen dieser Freizeitführer behilflich sein. Alle Ausflüge sind persönlich, mit Freunden oder Familie inspiziert und für empfehlenswert befunden worden. Da einige der Tagesausflüge räumlich beieinanderliegen, ist es durchaus möglich, diese Touren auf einer mehrtägigen Reise auszuprobieren. Vor Ihnen liegt ein buntes Ausflugs-Potpourri, das mit viel Herzblut erstellt worden ist. Die Tipps und Ideen reichen von klassischen

Nachfolgende Doppelseite: Der Wanderweg zwischen Drachenfels und Königswinter offenbart wunderschöne Blicke – hier präsentiert sich die Drachenburg in ihrer ganzen Pracht.

Touren bis hin zu Geheimtipps, die Sie in kaum einem anderen Reiseführer entdecken werden. Alle Strecken sind als Rundweg konzipiert, um die Planung und die An- und Abreise zu vereinfachen. Dabei handelt es sich um Rad- und Wandertouren, Ausflüge mit dem öffentlichen Nahverkehr (ÖPNV) und Autotouren.

Das Angebot der Ausflüge ist sehr vielfältig: Sie können zum Beispiel auf den Spuren berühmter Persönlichkeiten wandeln, da schon weltbekannte Dichter und Denker die Natur und Romantik des Rheintals rund um den Drachenfels geliebt haben. Oder Sie unternehmen einen Ausflug ins urbane Leben und besuchen die Rheinmetropole Köln, die einen einzigartigen Mix aus jahrtausendealter Geschichte, ausgelassenem Frohsinn beim Karneval und neuen Stadtvierteln mit extravaganter Architektur offenbart. Sie haben des Weiteren die Möglichkeit, in Ihr Auto zu steigen und die schönsten Schlösser und Burgen am Niederrhein zu besichtigen. Einige der erläuterten Touren führen auch in Naturschutzgebiete fern des städtischen Treibens und können einen Anstoß geben, wie zwischen Mensch und Natur eine ausgewogene »Beziehung« entsteht bzw. sich festigt.

Damit für Abwechslung gesorgt ist, habe ich versucht, Wanderungen und Radtouren mit sehenswerten Ausflugszielen zu verbinden. Zusätzlich gibt es Tipps zu weiteren Highlights oder Hintergrundinformationen zur Region oder zu einem verwandten Thema. Und was wäre der schönste Tagesausflug ohne eine Einkehrmöglichkeit? Dies betrifft vor allem Familien, die den Ausspruch »Ich habe Hunger, ich habe Durst« sicher schon oft von ihren Kindern gehört haben. Wenn dieser nicht ernst genommen wird, kann der schönste Tagesausflug zu einem Desaster werden. Ein kleiner Tagesrucksack mit Getränken und Snacks kann da Wunder bewirken. Aber um Nahrungsengpässe bei den beschriebenen Touren im Vorfeld gänzlich auszuschließen, habe ich bei jeder Tour vorhandene Einkehrmöglichkeiten genannt.

Für die meisten Touren in diesem Buch ist aufgrund der dargestellten Streckenverläufe keine spezielle Karte zwingend notwendig. Zur genauen Orientierung rate ich dennoch die Mitnahme der jeweils im Infokasten genannten Karte. In den zuständigen Tourismusämtern sind Wander- und Radtourenkarten bzw. Stadtpläne erhältlich.

Gute Reise wünscht
Thilo Scheu

Südliches Rheinland

1 Genussvoll auf dem Rhein flussaufwärts

Eine Schifffahrt von Bonn über Unkel nach Linz

■ **Tourencharakter**
Schifffahrt und zwei kurze Stadtrundgänge
■ **Ausgangs- und Endpunkt**
KD Rheinschifffahrt, Anlegestelle Bonn-Bad Godesberg, Von-Sandt-Ufer
■ **Anfahrt**
A 562, AS Bonn-Rheinaue; ÖPNV: Bahnhof Bonn-Bad Godesberg
■ **Streckenlänge**
Schifffahrt ca. 19 km
■ **Markierung**
Keine
■ **Karte**
Kompass 1:50 000, Nr. 820
■ **Einkehr**
Gastronomie auf dem Schiff vorhanden, reichhaltige Auswahl an Restaurants in Unkel und Zons
■ **Information**
KD Rheinschifffahrt, Tel. 0221/208 83 18, www.k-d.de; Stadt Unkel, Tel. 02224/733 75, www.unkel.eu; Tourist-Information Linz, Tel. 02644/25 26, www.linz.de

Der Rhein gab der Region ihren Namen. Das Rheinland gehört mit seinen teils spektakulären flussnahen Landschaften zu den schönsten Gegenden Europas. Schroffe Felsen, eindrucksvolle Burgen und romantische Geschichten bilden ein herrliches Ensemble für einen unvergesslichen Tag.

Die Flussfahrt auf den Spuren großer Dichter, Literaten und legendärer Sagengestalten beginnt in Bonn-Bad Godesberg. Wir unterbrechen die Fahrt in Unkel und unternehmen dort einen kurzen Stadtrundgang, um später auf den Spuren der rheinischen Sagenwelt Linz einen Besuch abzustatten.

Die Rotweinstadt Unkel Von Bonn-Bad Godesberg schippern wir rheinauf an Königswinter vorbei. Der 321 Meter hohe Drachenfels und die neu restaurierte, nun für die Öffentlichkeit zugängliche Drachenburg erscheinen backbord, also auf der linken Seite. Ob auf dem Sonnendeck oder im Salon – von überall hat man einen wunderbaren Blick auf die langsam vorbeifließende Landschaft. In Unkel verlassen wir das Schiff und beginnen den kleinen Rundgang durch die erstmals 886 als »Unchele« erwähnte Ortschaft mit ihren heute etwa 5000 Einwohnern.

Vorbei an Fachwerkhäusern Direkt an der Anlegestelle des Schiffes an der Rheinpromenade trifft man auf die Von-Werner-Straße. Hier erblickt man den im 11. Jahrhundert erbauten Fronhof des Kölner Stiftes St. Maria ad Gradus mit dem im 19. Jahrhundert im neugotischen Stil umgebauten Nordwestturm, der zur alten Stadtbefestigung gehört. Hier wohnte unter anderem der 1974 in Unkel verstorbene deutsche Künstler Rudolf Wulfertange, der Romane schrieb und unter anderem eine Büste von Konrad Adenauer, dem ersten Bundeskanzler der Bundesrepublik Deutschland, kreierte, die sich heute im Unkeler Stadtarchiv befindet.

Adenauer und Brandt Neben Konrad Adenauer lebte auch Altbundeskanzler Willy Brandt etliche Jahre in Unkel. Unkels Uferpromenade wird gesäumt von kleinen Fachwerkhäusern, und immer wieder biegen nach links malerische Gassen ab. Ein Blick zurück offenbart die herrliche Rheinlandschaft mit dem in der Ferne erkennbaren Berg Drachenfels. Man sollte sich einfach treiben lassen und das Flair des kleinen, bezaubernden Rotweinortes auf sich wirken lassen. Schlendern Sie durch die Pützgasse mit der 1759 errichteten Pumpe oder verweilen Sie vor dem Schutzengelhaus. Fast jede Straße offenbart einen kleinen oder größeren Schatz.

Klein, aber fein Ein Verlaufen ist kaum möglich, immer wieder gelangt man in wenigen Minuten zur autofreien Rheinpromenade und erreicht so schnell und bequem den Schiffsanleger zur Weiterfahrt. Neben der sehenswerten dreischiffigen, gotischen Hallenkirche St. Pantaleon sollte man einen Abstecher zum Gefängnisturm unternehmen. Es wird die Geschichte erzählt, dass Ludwig van

Unkel – herrliche Fachwerkhäuser, wo hin man schaut

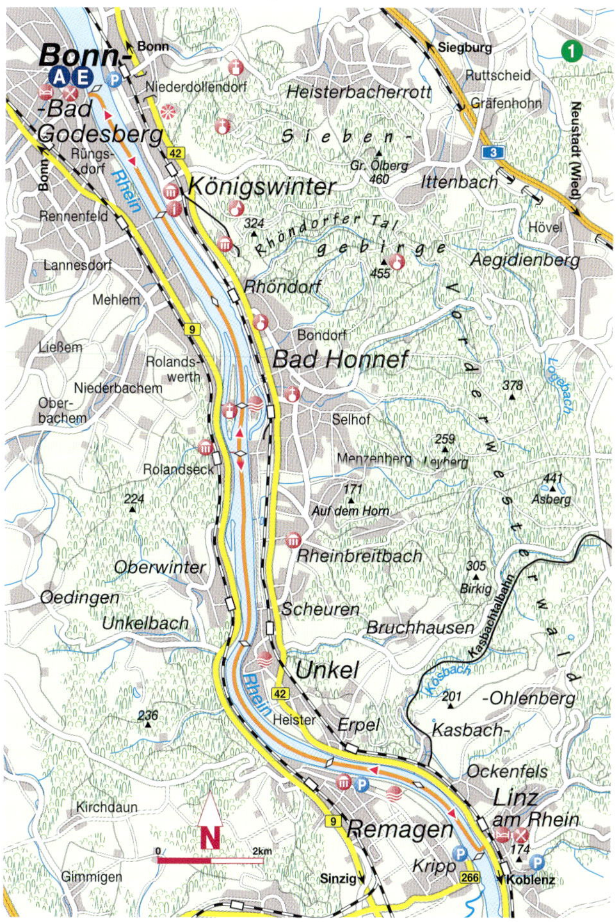

Beethoven im Jahr 1792 dort einige Zeit verbracht und hinter den Mauern das Lied »Adelaide« komponiert haben soll.

Viele Wege führen nach Linz Nach dem Rundgang durch Unkel geht es weiter per Schiff nach Linz. Die Tour startet am Rheintor, welches um 1329 erbaut wurde. Durch das Tor der ehemaligen Stadtbefestigung gelangen wir auf den malerischen Burgplatz mit zahlreichen Cafés und Restaurants. Dort fällt ein kleiner Brunnen mit einer Plastik ins Auge. Die Statue zeigt die Figur des »Linzer Strünzers«. Der Name ist eine Anspielung auf eine Charaktereigenschaft, die den Bewohnern nachgesagt wird: das »Strünzen«, was so viel bedeutet wie »Übertreiben«. Wir halten uns links und gehen durch die Mühlengasse, wir laufen bergauf an einer Weinhandlung vorbei und biegen rechts ab in die schmale Straße »Auf der Donau«, deren Name auf eine alte keltische Flurbezeichnung hinweist.

Klappern gehört zum Handwerk Wir biegen links über die Mittelstraße ab und erreichen den Buttermarkt. Im Mittelpunkt des Platzes steht eine aufwendige Brunnenanlage mit der Buttermarktfrau, die in Gedenken an die Landfrauen vom Westerwald dort platziert wurde. Unser Weg führt nach rechts in die Neustraße Richtung Neutor, welches 1329 als östliches Stadttor der ehemaligen Stadt-

»Der Linzer Klapperjunge« erinnert an eine alte Tradition während der Osterzeit.

Der Rheinische Sagenweg

Wer den Rhein bereist, seine Orte und Landschaften mit dem Auto, dem Rad oder zu Fuß unter die eigene persönliche »Lupe« nimmt, stößt allenthalben auf sagenhafte Geschichten. In Düsseldorf spricht man über Jakobe, eine junge und schöne Herzogin, die man Ende des 16. Jahrhunderts plötzlich tot im Schlossturm am Rhein fand. Offiziell starb sie an einem Schlaganfall. Doch manch ein Zeuge berichtete von roten Würgemalen an ihrem schneeweißen Hals. Nach ihrem Ableben soll eine geisterhafte Gestalt hinter den Fenstern des Schlossturmes gesichtet worden sein. Aus der mittelalterlichen Zeit steuert auch Unkel mit der Geschichte rund um Bettina, der Tochter des Vogtes von Ewald, einen dramatischen Vorfall um Liebe, Spielsucht und Macht bei. Diese und viele andere Erzählungen ranken sich um den Rheinischen Sagenweg von Düsseldorf bis Mainz.

befestigung erbaut wurde. Direkt vor dem historischen Bauwerk präsentiert sich die Statue »Linzer Klapperjunge«, die diejenigen Kinder und Jugendlichen ehrt, welche in der Karwoche mit hölzernen Klappern durch die Straßen laufen. Am Tor geht die Stadttour nach rechts weiter auf die Petrus-Sinzig-Straße. Schon erblickt man die Pfarrkirche St. Martin. Kurz vor dem Seniorenstift »St. Antonius« biegen wir rechts in den Tilmann-Joel-Park ab, in dem sich Grabstätten aus fünf Jahrhunderten befinden, und erreichen so die zwischen 1206 und 1214 erbaute dreischiffige Basilika. Von nun an geht es bergab über den Bethlehemweg und dann rechts in die Kirchstraße zum Marktplatz mit dem Anfang des 16. Jahrhunderts errichteten Rathaus, das heute Sitz des Stadtbürgermeisters und der Tourist-Information ist. Über die Rheinstraße gelangen wir wieder zum Burgplatz. Während der Rückfahrt mit dem Schiff nach Bonn-Bad Godesberg kann man Erlebtes Revue passieren lassen.

Linzer Burg

Der Stolz der Stadt Linz ist die Burg Linz, die sich unmittelbar am Rheintor erhebt. Die Burganlage, die zur Stadtbefestigung gehört und einen wunderbaren Blick auf den Rhein bietet, wurde 1365 erbaut. Das städtische Schmuckstück beherbergt ein Restaurant, das mit einem Rittersaal, einem Turmstübchen und einem Biergarten im Burghof gastronomische Akzente setzt. Kunsthandwerkliche Glanzstücke präsentiert die ebenfalls in der historischen Anlage untergebrachte »Römische Glashütte« mit ihrer umfassenden Galerie und Schauglasbläserei. Gänsehautfeeling pur verspricht dagegen ein Ausflug in die dunkle und schreckliche Vergangenheit von Folterkammern und Burgverliesen.

Infos zu Folterkammer und Glashütte bei Steiner Römische Glashütte GmbH, Burgplatz 4, 53545 Linz am Rhein, Tel. 02644/20 39, www.roemische-glashuette.de

Das Leben am Rhein birgt so manche Überraschung. Die Linzer können ein Lied davon singen. Immer wieder werden sie vom Hochwasser überrascht.

2 Märchenhafte Aussichten

Königswinter zu Fuß und per Bahn zum Drachenfels

- **Tourencharakter**
Wanderung auf teils unbefestigten, etwas steileren Passagen und Stadtrundgang
- **Ausgangs- und Endpunkt**
Talstation Drachenfelsbahn Winterberg
- **Anfahrt**
A 59, AS Kreuz Bonn-Ost
- **Streckenlänge**
Von Winterberg zum Drachenfels etwa 3 km
- **Markierung**
Vom Drachenfels dem Hinweisschild »Fußweg nach Königswinter« folgen
- **Karte**
Kompass 1:50 000, Nr. 820
- **Einkehr**
Auf dem Drachenfels und in Winterberg
- **Information**
Tourismus Siebengebirge, Königswinter, Tel. 02223/91 77 11, www.siebengebirge.com

Das Siebengebirge offenbart dem Besucher weit mehr als sieben Gipfel, doch einer von ihnen ist weltbekannt und wurde oft bestiegen. Wer rund um Königswinter zu Fuß, per Schiff oder Fahrrad unterwegs ist, begegnet ihm überall: dem 312 Meter hohen Drachenfels mit seiner aufragenden und weithin sichtbaren Burgruine. Am Fuß des Berges empfängt Königswinter mit seinen vielen Fachwerkhäusern die Gäste.

Eisenbahnromantik pur Schon zu Beginn der Tour kommt rasch Begeisterung auf, nicht nur bei Eisenbahnfreunden. Vom wundervoll modernisierten Bahnhof in Königswinter »zockeln« wir mit der historischen Zahnradbahn zu unserem ersten Etappenziel. Fahrräder dürfen in den recht kleinen Fahrzeugen leider nicht mitgenommen werden. Wer einmal am Wochenende mit der gut gefüllten Bahn, die seit 1883 Personen transportiert, gefahren ist, versteht warum. Die Talstation präsentiert neben einer Fülle von Informationsmaterial auch eine schöne Ausstellung über die Drachenfelsbahn. In wenigen Minuten erreicht man die neu gestaltete Mittelstation. Auf der Brücke vor dem Eingang zu Schloss Drachenburg sollte man sich eine Minute gönnen, um den Ausblick

Steigen Sie ein! Die gemütliche Fahrt mit der Zahnradbahn hoch zum Drachenfels ist ein ganz besonderes Erlebnis.

Ein Denkmal für Patrioten auf dem Drachenfels

»Sea Life« Königswinter

Die Ozeane und ihre Bewohner beflügeln seit jeher die Fantasie der Menschen. Viele Geheimnisse und das Schicksal unseres Planeten sind mit den Meeren der Welt untrennbar verbunden. Das »Sea Life« in Königswinter möchte für die Erhaltung der Vielfalt des maritimen Lebens kämpfen. Mit großem Engagement wurden Aquarien entworfen und gebaut, die dem natürlichen Lebensraum der Tiere nachgestaltet sind. Ziel von »Sea Life« ist es, das Interesse, insbesondere der Kinder, für die Geheimnisse der Unterwasserwelt zu wecken, damit auch unsere Urenkel noch mit eigenen Augen erfahren können, dass ein Fisch nicht in der Konserve zu Hause ist. Einer der Höhepunkte des »Sea Life Centers« ist das riesige Atlantikbecken mit über 30 Glatthaien, die dort mit Katzenhaien, Wrackbarschen und Goldbrassen friedlich zusammenleben.

Infos unter
www.visitsealife.com/Konigswinter

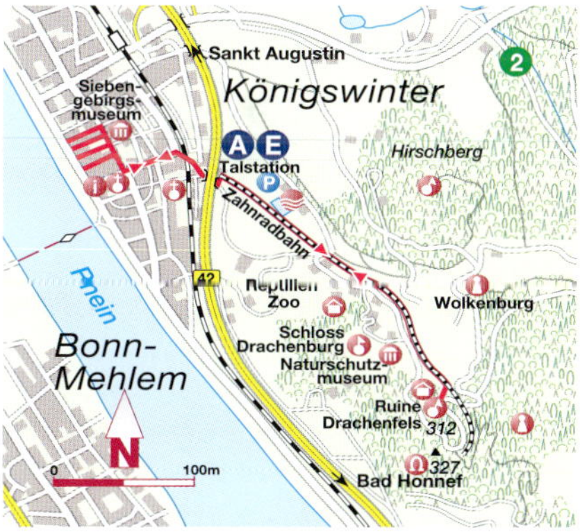

über den Rhein Richtung Bonn zu genießen. Ebenso erkennt man den Petersberg mit dem dortigen Grandhotel, welches gern für internationale Konferenzen genutzt wird.

Ein Traumschloss zum Anfassen Schloss Drachenburg ist ein prächtiges Bauwerk und gehört zu den bedeutendsten Schlössern des 19. Jahrhunderts in Deutschland. Seit 2010 können Besucher nach 15-jähriger Restaurationszeit das Juwel am Rhein betreten und bestaunen. Durch die Vorburg mit ihren über dem Portal in Stein gehauenen Wildschweinen gelangt man in den Park, und ein leicht bergauf führender Weg navigiert zum eigentlichen Objekt der Begierde. Das heutige Denkmal mit seinem Glockenspiel ließ Stephan von Sarter von 1882 bis 1884 errichten. Vom herrlich angelegten Garten mit Venusbrunnen und goldenen Hirschen kann man den Blick weit über die Rheinregion schweifen lassen. Noch imposanter ist die Panoramaaussicht vom Nordturm, der über eine teils steile Wendeltreppe bestiegen werden kann. Ein luftiger Ausflug für Menschen ohne Höhenangst. Unbedingt empfehlenswert! Das Schloss selbst kann, jedenfalls auf einer Etage, auf eigene Faust erkundet werden. Wer alle Räume in Augenschein nehmen möchte, nimmt am besten an einer Führung teil.

Aussteigen und Staunen. An der Mittelstation offenbart sich ein wahres Märchenschloss – die Drachenburg

Hinauf zum Drachenfels Mit einer Fahrgeschwindigkeit zwischen 14 und 19 Stundenkilometern erobern wir auf der zweiten Teilstrecke des insgesamt 1500 Meter langen Schienenstrangs den Gipfel des Drachenfels. Die Endstation befindet sich jedoch einige Schritte unterhalb des Gipfels und der Burgruine. Wie das beliebte steinerne Ausflugsziel zu seinem »märchenhaften« Namen kam, konnte bis heute nicht endgültig geklärt werden. Der Zeitpunkt des Baus der Burg ist dagegen besser dokumentiert. Mitte des 12. Jahrhunderts begann Erzbischof Arnold I. von Köln mit dem Bau der Drachenburg. Vollenden ließ den Bau in späteren Jahren der Bonner Propst Gerhard von Are.

Nach Besichtigung der gesamten Anlage geht es zu Fuß zurück nach Königswinter. Über die Mittelstation führt der ausgeschilderte Weg anfangs hauptsächlich durch waldreiches Gelände moderat bergab. Zwischendurch bietet manch eine Rastbank eine anmutige Rhein-Szenerie mit Schloss Drachenburg.

Nibelungenhalle und Reptilienzoo

Sagen und Mythen umranken den Drachenfels oberhalb von Königswinter. Er soll in grauer Vorzeit Heimstätte eines äußerst gefährlichen und blutrünstigen Drachens gewesen sein. Die Bewohner des gesamten Rheintals zitterten vor seinem Feuer speienden Atem und seiner scheinbaren Unbesiegbarkeit. Laut der Nibelungensage konnte jedoch der junge Siegfried das Ungeheuer töten und wurde durch das Baden in dessen Blut unverwundbar – bis auf eine winzige Stelle auf seinem Rücken. Zu Ehren von Richard Wagner, der das Werk »Ring der Nibelungen« komponiert hatte, errichtete man 1913 am Drachenfels die Nibelungenhalle mit zwölf Gemälden, die Szenen dieses Musikdramas darstellen. Über eine angrenzende Drachenhöhle und einen Reptilienzoo freuen sich besonders die Kids.

Weitere Infos unter www.nibelungenhalle.de

An der Uferpromenade von Königswinter kann man wunderbar bummeln.

Gut ausgeschildert verläuft der Weg über Stock und Stein zurück ins urbane Leben.

Ein Spaziergang durch Königswinter An der Talstation in Königswinter angekommen, geht es über die Drachenfelsstraße geradeaus bis zum Rhein und bis zum **Eselsbrunnen** aus dem Jahr 1984, der an die heute noch gelebte Tradition erinnert, mit dem Esel hinauf auf den Drachenfels zu reiten. In Sichtweite befindet sich das »**Sea Life**« mit seinen zahlreichen Aquarien, die die Welt der Meerestiere zeigen. Wir schlagen die entgegengesetzte Richtung ein und begeben uns in die Altstadt mit der Fußgängerzone, den kleinen Gassen und den wunderschön restaurierten Fachwerkhäusern. In der vom Rhein abgehenden Altenberger Gasse sollte man auf die **Hausnummer 8** achten, denn dieses denkmalgeschützte Haus überstand zu großen Teilen als eines der wenigen den verheerenden Stadtbrand von 1689. Wir schlendern noch durch Königswinter und gehen dann über die Drachenfelsstraße zurück zum Parkplatz.

3 Auf den Spuren der Musik

Ein Stadtrundgang durch Bonn

■ Tourencharakter
Längerer Stadtspaziergang
■ Ausgangs- und Endpunkt
Friedensplatz, Bonn-Zentrum
■ Anfahrt
A 565, AS Bonn-Endenich, B 56; ÖPNV: Hauptbahnhof Bonn
■ Streckenlänge
Ca. 3,5 km
■ Markierung
Keine
■ Karte
Stadtplan Bonn
■ Einkehr
Im Zentrum viele Möglichkeiten
■ Information
Tourist-Information Bonn, Tel. 0228/77 50 00, www.bonn.de

Als Residenzstadt der Kölner Kürfürsten und Erzbischöfe, als Geburtsort Ludwig van Beethovens, als ehemaliger Sitz des deutschen Bundestages und als Kunststadt steckt Bonn voll gelebter Geschichte und zeitgemäßer Lebensqualität.

Zu Besuch bei Beethoven Wir starten unseren Gang durch Bonn am autofreien **Friedensplatz** ❶ und gehen über die geschäftige Friedrichstraße, deren Name an Max Friedrich von Koenigsegg-Rotenfels (1708–1784) erinnert, der als Erzbischof von Köln und Kurfürst von 1761 bis 1784 in Bonn residierte. Nach etwa 200 Metern trifft man auf die Bonngasse. Wir biegen links in die kleine Straße ein und stehen nach wenigen Schritten vor dem **Beethoven-Haus** ❷. In dem aus der Barockzeit stammenden Bonner Bürgerhaus erblickte am 17. Dezember 1770 Ludwig van Beethoven in einer kleinen Dachkammer das Licht der Welt. Ganze sieben Jahre wohnte die Familie des späteren Musikgenies in der Bonngasse. Heute können Besucher hier die größte Beethoven-Sammlung der Welt bestaunen und sich mittels unzähliger Originaldokumente, Möbelstücke, Musikinstrumente und vieler anderer Dinge ein eigenes Bild vom Leben und Schaffen des Ausnahmekünstlers machen.

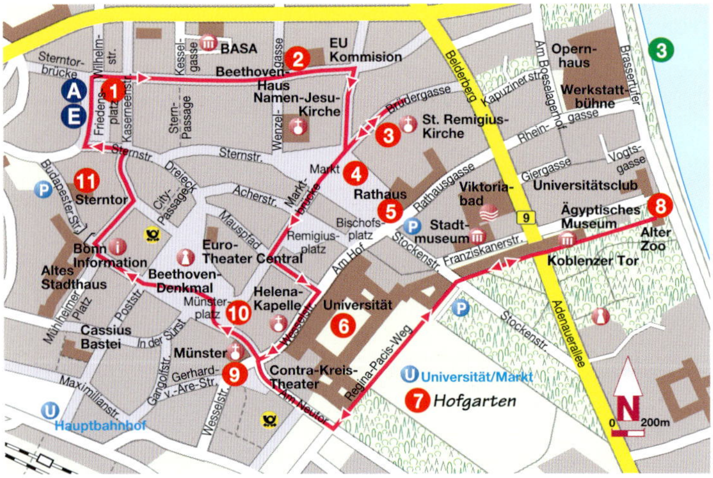

Zum Marktplatz Anschließend folgen wir weiter der Friedrichstraße bis zur Wenzelstraße und halten uns dann rechts. Kurz vor dem Markt gehen wir scharf links in die Brüdergasse, bis wir rechtsseitig auf die **Pfarrkirche St. Remigius** ❸ stoßen. In der gotischen, dreischiffigen Pfeilerbasilika hat Ludwig van Beethoven als kleiner Knirps die Orgel zur Frühmesse gespielt. Nur wenige

Hier verbrachte Ludwig van Beethoven die ersten Jahre seines Lebens

Schritte entfernt öffnet sich der großzügig angelegte **Markt** ❹, auf dem täglich Obst- und Gemüsehändler zu finden sind. Der mit seinen Restaurants und Cafés zum Verweilen einladende lange, schmale Platz wird dominiert vom barocken **Alten Rathaus** ❺ aus dem 18. Jahrhundert, dessen Architekt Michael Leveilly sich klar erkennbar am höfischen Stil der damaligen Zeit orientierte. Direkt ins Auge fällt die elegante Freitreppe, die in den zurückliegenden Jahrhunderten von unzähligen Berühmtheiten für ihren Auftritt genutzt wurde. Das gesamte historische Gebäudeensemble des Marktplatzes, die Außengastronomie und die Anbindung zur Fußgängerzone machen das Flair und die Beliebtheit dieser Bonner Sehenswürdigkeit aus.

Museumsmeile

Bonn besitzt mit der Museumsmeile ein kulturelles Ensemble der Sonderklasse. Entlang der Bonner Magistrale, die südlich von der Innenstadt liegt, bilden insgesamt fünf Museen eine Einheit mit hohem Niveau. Die Kunst- und Ausstellungshalle der Bundesrepublik Deutschland vereinigt thematisch neben künstlerischen Aspekten auch die Bereiche Wissenschaft und Technik. Dabei werden dem Besucher nationale und internationale bedeutende Entwicklungen präsentiert. Beim 1992 eröffneten und vom Berliner Architekten Axel Schultes entworfenen Kunstmuseum Bonn liegt der Schwerpunkt der ausgestellten Exponate auf der zeitgenössischen Kunst. Wie der Name schon vermuten lässt, präsentiert das Haus der Geschichte alles rund um die deutsche Geschichte vom Ende des Zweiten Weltkriegs bis in die Gegenwart. Das Forschungsmuseum Koenig und das Deutsche Museum komplettieren die Museumsmeile.

Infos unter www.bonn.de

Ausruhen, Spielen, Lesen oder sich mit Freunden treffen, der Hofgarten ist sehr beliebt bei Bonner Bürgern.

Kurfürstlicher Hofgarten Über die Remigiusstraße und die Fürstenstraße gelangt man in wenigen Minuten zur **Universität** ❻, der ehemaligen Kurfürstlichen Residenz, die im Jahr 1818 von König Friedrich-Wilhelm III. ins Leben gerufen wurde. Umrundet man das stattliche Gebäude, erreicht man den **Hofgarten** ❼ mit dem Akademischen Kunstmuseum und dem Ägyptischen Museum. Der ehemalige, nach französischem Muster angelegte Garten des Kurfürsten Clemens August ist heute Naherholungsgebiet und Spielwiese für Jung und Alt. Von hier aus sind es nur noch wenige Meter zum Rhein und zum **Alten Zoll** ❽, ein Hinweis darauf, dass an dieser Stelle ein Zollhaus stand, welches später als Bastion Teil der Bonner Stadtbefestigung wurde. Aufgrund der erhöhten Lage dieses Bauwerkes genießt man von hier einen wunderbaren Blick auf den Rhein und das Siebengebirge.

Weg der Demokratie

Bonn und die Politik sind eng miteinander verbunden. Wer mehr über das Thema erfahren möchte, kann auf dem »Weg der Demokratie« die politische Geschichte der Vergangenheit und Gegenwart erkunden. Der innenstadtnahe Rundweg führt zu zwölf Stationen mit umfangreichen Informationstafeln. Die etwa zweistündige Tour rund um die Adenauer-, Willy-Brandt- und Friedrich-Ebert-Allee führt beispielsweise zur Villa Hammerschmidt, dem Bundeskanzleramt, oder zum Palais Schaumburg, dem Amtssitz der Bundeskanzler von 1949 bis 1976. Einige der auf dem Weg liegenden Einrichtungen, wie der Kanzlerbungalow, sind nach vorheriger Anmeldung zu besichtigen und erlauben einen Einblick in die Welt der internationalen Politikbühne.

Weitere Infos unter www.wegderdemokratie.de

Bonner Münster Zurück laufen wir über die Grünfläche und die Straße »Am Nordtor« zum nahe gelegenen, mit seinen fünf Türmen weithin sichtbaren **Bonner Münster** ❾. Das Wahrzeichen und schmucke Bildnis auf dem Stadtsiegel der Stadt Bonn gehört zu den bedeutenden mittelalterlichen Kirchen des Rheinlands und ist eine gelungene Symbiose aus romanischen und gotischen Stilelementen. Der heutige Sakralbau mit seinem hauptsächlich aus dem Barock stammenden Interieur wurde über den Gräbern der Märtyrer Cassius und Florentius, zwei christlichen römischen Offizieren, erbaut. Einen Blick sollte man auf den aus dem 12. Jahrhundert stammenden Kreuzgang werfen, der ein seltenes Juwel romanischer Baukunst in dieser Region ist.

Am Münsterplatz Verlässt man die Stille und Ruhe der Münsterbasilika, steht man schon mitten auf dem **Münsterplatz** ⑩, der gern für Veranstaltungen und Märkte genutzt wird. In der Mitte der Freifläche ragt das von Ernst Hähnel erschaffene Beethoven-Denkmal in den Himmel, welches 1845 eingeweiht wurde. Das im Hintergrund stehende große historische Gebäude wird seit 1876 als Postamt genutzt und stammt aus dem 18. Jahrhundert. Unser kleiner Rundgang neigt sich dem Ende zu, und wir gelangen über die Windeckstraße und den Bottlerplatz zum **Sterntor** ⑪. Das erst um 1900 errichtete Bauwerk steht einige Meter entfernt vom ursprünglichen Sterntor, welches zur Stadtbefestigung gehörte und 1898 abgerissen wurde. Wir durchqueren das Tor, halten uns links und stehen augenblicklich wieder am Friedensplatz, dem Startpunkt der Tour.

Das Bonner Münster mit seinen markanten Türmen ist weithin sichtbar und gilt als Wahrzeichen der Stadt.

4 Abstecher ins Ahrtal

Zu Fuß durch Bunker, Weinberge und eine Römervilla

■ **Tourencharakter**
Kurzer Stadtspaziergang in Kombination mit einer Wanderung
■ **Ausgangs- und Endpunkt**
Obertor in Ahrweiler
■ **Anfahrt**
A 573, AS Bad Neuenahr, B 267
■ **Streckenlänge**
Weinlehrpfad je nach Streckenwahl bis 6 km
■ **Markierung**
Keine
■ **Karten**
Stadtplan Ahrweiler; Kompass 1:50 000, Nr. 820
■ **Einkehr**
Große Auswahl an Gastronomiebetrieben in Ahrweiler
■ **Information**
Ahrtal-Tourismus, Tel. 02641/917 10, www.ahrtal.de

Das Ahrtal gehört zu den schönsten Seitentälern des Rheins. Behauptet man. Wer auf eigene Faust die Region erkundet, wird schnell von der Richtigkeit dieser Aussage überzeugt sein. Gründe hierfür sind die einzigartige Naturlandschaft mit ihren teils steilen Weinbergen, aber auch sanften Hügeln, schroffen Felsen und einem Fluss, der alles zu einem entdeckenswerten Ganzen zusammenfügt. In Kombination mit kleinen idyllischen Ortschaften ist das Ahrtal ein Eldorado für aktive Menschen, Weinliebhaber und Geschichtsinteressierte.

Altstadt von Ahrweiler Mit einem Bummel durch Ahrweiler läuten wir den Beginn einer sehr abwechslungsreichen Tour ein, die überraschende Facetten dieser Region ans Tageslicht bringen wird. Die Altstadt von Ahrweiler ist weitestgehend autofrei und daher für eine entspannte Besichtigung bestens geeignet. Eine fast vollständig erhaltene Stadtmauer aus dem 13. Jahrhundert begrenzt den Ortskern und verleiht dem Ensemble aus verwinkelten Gassen, Toren, Türmen und Fachwerkhäusern eine einzigartige Ausstrahlung. Die Tour beginnt am westlichen Obertor mit seinen vier kleinen Ecktürmen und führt über die »Schützenbahn« zum

Beim Wandern durch die Ahrtal-Region überraschen immer wieder faszinierende Ausblicke den Naturfreund.

Massiv und wehrhaft präsentiert sich auch heute noch die Stadtmauer von Ahrweiler.

Ahrtor 1. Dieses größte der vier Tore der Stadtbefestigung wurde Ende des Zweiten Weltkrieges zerstört, gelangte aber kurze Zeit später unter großer Anteilnahme und mit Unterstützung der Bevölkerung wieder zu altem Glanz. Auf dem Weg dorthin passieren wir den Bitzenturm, einen fünfgeschossigen Halbschalenturm, dessen Geschossanzahl auf den ersten Blick nicht erkennbar ist. Durch einfache Balken- und Bohleneinlagen konstruierte man die Stockwerkböden so, dass sie leicht mit Leitern erreicht werden konnten. Hinter dem Ahrtor geht es vorbei an bezaubernden Fachwerkhäusern bis zum Marktplatz. Hier sind einige Gebäude von Interesse: Zum einen die gotische **Laurentiuskirche 2** aus dem 13. Jahrhundert, die älteste Hallenkirche des Rheinlandes, in der die Fresken aus dem 15. Jahrhundert sehenswert sind. Zum anderen das **Alte Rathaus 3**, ein wunderschönes, kunstvoll gestaltetes Bauwerk aus dem Spätrokoko. Wer möchte, bummelt noch ein wenig durch die zahlreichen Gassen und gelangt dann über die Adenbachhutstraße zum Adenbachtor.

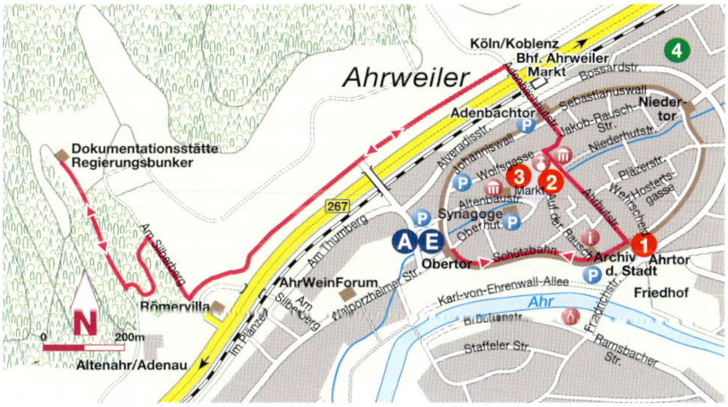

Der Weinlehrpfad Nun geht's noch über die Fußgängerbrücke zum Startpunkt der Wanderung auf dem Weinlehrpfad. Der gesamte

Aufschlussreiche Einblicke in den Alltag und das Leben einer römischen Familie

Weg umfasst eine Länge von über sechs Kilometern und ist als Rundweg angelegt. Dutzende von Tafeln informieren am Streckenrand über das gesamte Spektrum des Weinbaus: von den verschiedenen Rebsorten über die Bodenbeschaffenheit bis hin zum Klima. Auf einer Übersichtskarte am Startpunkt kann sich jeder für seine individuelle Strecke bis zur nächste Touretappe, der Römervilla, entscheiden. Die kürzeste Strecke führt »Am Weiherberg« direkt die Bundesstraße entlang zum Ziel.

Bei den Römern daheim Die Reste der römischen Villa aus dem 1. bis 3. Jahrhundert nach Christus wurden bei Bauarbeiten 1980 entdeckt. Nach jahrelangen Ausgrabungen und mühsamer Kleinarbeit ist ein einzigartiges Museum entstanden, das ein römerzeitliches Anwesen in außerordentlich gut erhaltenem Zustand präsentiert. Heute kann man auf Stegen durch das Herrenhaus wandeln, originale Wandmalereien bestaunen, Teile des Badehauses oder auch die Küche mit Herd und Backofen besichtigen. Ein Modell des ehemaligen Gesamtkomplexes im Obergeschoss des Museums gibt eine gute Übersicht über die Ausmaße der Villa rustica. Aufgrund der vielen im Vitrinenhof ausgestellten Kleinfunde des alltäglichen Lebens erhalten Besucher einen anschaulichen Einblick in die damalige Zeit.

Das Ahrtaler Gipfelfest

Jedes Jahr – meist im Juni – geben sich im Ahrtal motivierte Gipfelstürmer jeden Alters ein fröhliches Stelldichein. Vier Tage lang werden die Wanderschuhe geschnürt, wird der Rucksack mit stärkenden Leckereien gefüllt und das abwechslungsreiche Rahmenprogramm genossen. Einzelkämpfern, Gruppen, aber auch Familien mit Kindern wird einiges geboten. Kinder können während einer vergnüglichen Gipfelrallye Rätsel lösen, Fragen beantworten und so spielend die Tour bewältigen. Vier ausgesuchte Gipfel stehen alljährlich für die Wanderer parat, ein Stempel für jeden Gipfel auf der Stempelkarte protokolliert das Geleistete. Wer alle »Viere« abräumt, erhält ein Weinpräsent, die Kinder bekommen die begehrte Gipfelstürmer-Medaille.

Infos unter www.gipfelfest.de

Eine spannende Zeitreise erwartet den Besucher bei einer Führung durch den Regierungsbunker.

Im Regierungsbunker Einen ganz anderen Einblick in die Zeitgeschichte erhält man beim Besuch des nahe gelegenen ehemaligen Regierungsbunkers. Von der Römervilla geht es auf dem Weg »Am Silberberg« bergauf die Weinberge entlang bis zur nächsten Gabelung. An der Informationstafel zum Weinbaulehrpfad führt die Strecke links in Richtung Hotel Hohenzollern. Wer dort im Restaurant für eine kurze Pause einkehrt, genießt einen wunderbaren Panoramablick über das Ahrtal. Kurz vor dem Hotel folgen wir der Ausschilderung nach rechts zur Dokumentationsstätte Regierungsbunker. Auf einer Führung durch das tief im Ahrgebirge gelegene Bauwerk aus der Zeit des »Kalten Krieges« bekommt man eine Vorstellung von der damaligen politischen Situation und einen Einblick in das Bunkerleben nach einem möglichen atomaren Angriff. 1972 wurde das Gebäude mithilfe von 20 000 Arbeitern für etwa vier Milliarden D-Mark fertiggestellt. Viele große und kleine Details vermitteln dem Besucher ein authentisches Gefühl über Macht und Ohnmacht der damals Regierenden im Fall eines Atomkrieges.

Wieder an der frischen Luft und in der Gegenwart angekommen, gelangt man über die Römervilla und die Walporzheimer Straße zügig zum Ausgangspunkt, dem Obertor in Ahrweiler.

Nachfolgende Doppelseite: Das Rathaus im Zentrum von Bergisch Gladbach

Waldkletterpark Bad Neuenahr-Ahrweiler

Ein schwindelerregendes Vergnügen, das man so schnell nicht vergisst und das beim abendlichen Familienessen bestimmt für viel Gesprächsstoff sorgen wird. Achterbahnfahrten waren gestern, Abenteuer im Waldkletterpark erlebt man heute. Wer am Ende des Parcours, vielleicht mit etwas zittrigen Knien, wieder festen Boden unter seinen Schuhen spürt, der hat eigene Grenzen erlebt, möglicherweise durchbrochen. Das Glücksgefühl und auch die Gewissheit, Tolles geleistet zu haben, stellen sich von selbst ein. An mehr als 60 Kletterstationen können sich Besucher bestens gesichert von Baum zu Baum durch den Wald bewegen. Schon Kinder ab vier Jahren erleben auf einem speziellen Parcours mit absoluter Sicherheit ein unvergessliches Abenteuer.

Infos unter www.wald-abenteuer.de

Das Rheinland rund um Köln

5 Kölsch, Kirchen und Kunst

Ein Rundgang durch Köln

Tourencharakter
Stadtrundgang
Ausgangs- und Endpunkt
Kölner Dom
Anfahrt
A 3, AS Kreuz Köln-Ost,
A 57 bis Köln-Zentrum
Streckenlänge
Ca. 4 km
Markierung
Keine
Karte
Stadtplan Köln
Einkehr
In der Altstadt und im Rheinauhafen genügend Auswahl
Information
Köln Tourismus,
Tel. 0221/22 13 04 00,
www.koelntourismus.de

Kölle am Rhin, die Metropole mit römischer Vergangenheit und erlebenswerter Gegenwart, ist in ihrer Gesamtheit nicht an einem Tag zu erkunden. Dafür sorgen die zahllosen Stadtteile, die Kölner Veedel, mit ihren unzähligen grandiosen und weniger brillanten Sehenswürdigkeiten. Die vorgestellte Tour soll Geschmack machen auf mehr Köln.

Kölns Wahrzeichen Eines der Highlights der rheinischen Karnevalshochburg ist der **Kölner Dom** ❶. Wer im Umland unterwegs ist, eine Wanderung im Siebengebirge unternimmt oder mit dem Auto von Düsseldorf anreist, erblickt immer wieder die Silhouette des 157 Meter hohen berühmten Bauwerks. Nach unendlich langen 632 Jahren war der Dom endlich fertiggestellt, der Kalender zeigte das Jahr 1880 nach Christus. Während Köln im Zweiten Weltkrieg zu großen Teilen zerstört wurde, kam das sakrale Gebäude und Wahrzeichen der Stadt mit massiven, aber reparablen Blessuren davon. Der Dom ist heute Anziehungspunkt für Besu-

Der Rheinauhafen

Nur wenige Hundert Meter südlich der Kölner Altstadt erstreckt sich der Rheinauhafen, der in den letzten Jahren immer mehr an Format und Attraktivität gewonnen hat. Das Schokoladenmuseum, das sich im nördlichen Bereich befindet, zieht schon seit Jahren Schleckermäuler aller Couleur an. Nun sind noch architektonische und historisch interessante, gut aufbereitete Leckereien hinzugekommen. Eines der Wahrzeichen ist das sogenannte »Siebengebirge«, ein 1909 erbauter Speicher in Stahlbetonskelettbauweise, der heute zum Wohnen und Arbeiten genutzt wird. Nicht nur, wer im Rheinauhafen übernachten möchte, sollte dem art'otel Cologne einen Besuch abstatten. Das moderne Interieur und die ausgestellten Werke der koreanischen Künstlerin SEO sind allein schon einen Besuch wert.

Weitere Infos unter www.rheinauhafen-koeln.de und www.artotels.com

Unverkennbar – Der Kölner Dom

cher und Gläubige aus aller Welt, und auf dem davor befindlichen Roncalliplatz, meist einfach als »Domplatte« tituliert, trifft sich das Volk: im Winter auf dem Weihnachtsmarkt, im Sommer bei Konzerten oder sportlich beim Inlineskaten.

Weltberühmte Kunst In unmittelbarer Nähe stehen die Zeichen ganz auf Kultur. Zwei Museen stehen auf dem Pflichtprogramm für Liebhaber von Kunst und Archäologie. Das **Römisch-Germanische Museum** ❷ mit dem imposanten römischen Dionysos-Mosaik beherbergt weltberühmte Funde aus den unterschiedlichsten Epochen der Welt- und Urgeschichte. Modern und zeitgenössisch präsentie-

Am Rheinauhafen gibt es Scharfes zu entdecken!

ren sich die Kunstwerke im benachbarten **Museum Ludwig** ❸, das nach Paris und Barcelona die weltweit drittgrößte Picasso-Sammlung sein Eigen nennen kann. Das namensgebende Ehepaar Irene und Peter Ludwig überließ dem Museum zahlreiche Pop-Art-Werke von Künstlern wie Robert Rauschenberg, Roy Lichtenstein oder Andy Wahrhol.

Kölsche Spezialitäten Der Weg führt uns zurück zum Roncalliplatz, dessen Name nichts mit der bekannten Zirkusfamilie zu tun hat, sondern Papst Johannes XXIII. ehrt, der mit bürgerlichem Namen Angelo Guiseppe Roncalli hieß. Über die Treppen im Süden des Platzes gehen wir nach links die Straße »Am Hof« hinunter und biegen rechts in die Bechergasse ein, bis wir zum **Alten Markt** ❹, auf Kölsch »Alder Maat«, gelangen. An dem kleinen Platz in der Altstadt, der zu Karneval eine bedeutende Rolle spielt, gruppieren sich einige typisch kölsche Kneipen. Im dortigen Gasthaus der Privatbrauerei Gaffel sollte man beim Köbes (Ober) ein Kölsch zur Erfrischung und einen »halven Hahn« als Stärkung bestellen für den weiteren Weg durch die Altstadt zum Rheinauhafen. Doch erwarten Sie kein knusprig gebratenes Hähnchen, denn der rheinische halbe Hahn kommt ganz schlicht als ein mit Gouda belegtes Roggenbrötchen daher. Guten Appetit!

Die Kölner sind entspannt. Ein Blick auf die Pegel-Uhr verrät: Kein Hochwasser in Sicht.

Skurrile Kleinodien Neben dem Marktbrunnen mit dem Standbild des Reitergenerals Jan von Werth verbirgt der Alte Markt eine kleine Kuriosität. Dafür muss man den Blick nach oben richten. Am Haus mit der Nummer 24 findet sich die in den Sechzigerjahren entstandene Spott-Figur des **»Kallendressers«** ❺, ein Männlein mit entblößtem Hinterteil, das seine Notdurft in die Regenrinne verrichtet. Verschiedene Legenden versuchen den tieferen Sinn der skurrilen Gestalt zu ergründen. Das Vorbild beziehungsweise eine ältere Originaldarstellung befand sich einige Häuser weiter und ist heute nicht mehr erhalten. Das Martinspförtchen weist uns den Weg zur Kirche **Groß St. Martin** ❻, die im Zwei-

In der Kölner Altstadt laden unzählige Kneipen und Restaurants im Schatten von Groß St. Martin zum Verweilen und Genießen ein.

ten Weltkrieg fast völlig zerstört wurde. Heute prägt die repräsentative Ansicht der erst 1984 vollständig fertiggestellten Kirche wieder das Bild der Kölner Altstadt.

Im Bauch der Deutzer Brücke Von hier gehen wir nach rechts über den Buttermarkt mit seinen zahllosen Kneipen Richtung **Deutzer Brücke** 7, die ein kleines Geheimnis in sich birgt. Wer sich im Vorfeld über Termine informiert, hat möglicherweise das Glück, während seiner Köln-Tour das fast 450 Meter lange Bauwerk von innen zu besichtigen oder einer dort stattfindenden Kunstausstellung beizuwohnen. Ein nicht alltägliches Erlebnis.

Modernes Design mit Rheinblick Unter der Brücke hindurch, das Rheinufer entlang, treffen wir auf das **Schokoladenmuseum** 8 am Nordende des Rheinauhafens, der sich in seiner Nord-Süd-Ausdehnung über etwa zwei Kilometer erstreckt. Das gesamte, neu gestaltete Gelände mit dem angrenzenden Yachthafen ist eine gelungene Komposition aus liebevoll restaurierten und teils mit modernen Elementen erweiterten historischen Gebäuden und architektonisch ausgefallenen Neubauten. Die Kombination aus Wohn- und Bürogebäuden gepaart mit Restaurants, Hotels und Galerien sorgt für das richtige Lebensgefühl in der neuen »Südstadt« Kölns. Der Rückweg zum Dom kann individuell gestaltet werden.

Kölner Karnevalsmuseum

»Kölle Alaaf« und der Karneval sind wie das Kölsch und der Dom untrennbar mit der Rheinmetropole verbunden. Über eine Million freudetrunkener Narren und Närrinnen beim alljährlichen Rosenmontagszug und ungezählte Sitzungen während der Fastelovend-Zeit sind nur ein Teil dieser tief verwurzelten Tradition und Lebensfreude. Seit 2005 gibt es ein Museum zum Thema »Fünfte Jahreszeit«, das im deutschsprachigen Raum das größte ist und in dem selbst der jeckeste Jeck noch Neues über den Karneval entdeckt. Gezeigt wird Historisches, Kurioses und auch der Straßenkarneval kommt nicht zu kurz. Bei erlebnisorientierten Führungen besteht die Möglichkeit, neben der Besichtigung des Museums auch einen exklusiven Blick in die Bauhallen der Kölner Karnevalswagen zu werfen.

Weitere Infos unter www.kk-museum.de

6 Die Welt braucht Papier

Eine Wanderung rund um Bergisch Gladbach

Tourencharakter
Wanderung mit leichten Steigungen
Ausgangs- und Endpunkt
S-Bahnhof Bergisch Gladbach
Anfahrt
A 4, AS Bensberg; ÖPNV: S-Bahn Bergisch Gladbach
Streckenlänge
Ca. 10 km
Markierung
Weiße Raute und Fossil (geologischer Lehrpfad)
Karten
Wanderkarte Naturpark Bergisches Land 1:25 000; Kompass 1:50 000, Nr. 758
Einkehr
Bergisch Gladbach am Rathaus, Café an der Papiermühle »Alte Dombach«
Information
Naturarena Bergisches Land GmbH, Tel. 02266/46 33 77, www.naturarena.de

Eher hügelig statt bergisch und günstig für Ausflüge in die nahe Umgebung am westlichen Rand des Bergischen Landes gelegen, präsentiert sich Bergisch Gladbach mit Bensberg, seinem bekanntesten Stadtteil. Bergbau, Papierherstellung, eine bewegte Geschichte und landschaftliche Schmuckstücke prägen die Region. Und schon Goethe verbrachte hier gern seine Zeit.

Zu Besuch bei den Grafen von Berg Wer zu Goethes Zeit Bergisch Gladbach besuchte, fand einen kleinen Ort mit wenigen Tausend Einwohnern vor. Der Namenszusatz »Bergisch« bezieht sich keineswegs auf die nicht vorhandenen Berge, wie jeder Besucher schnell erkennt, sondern geht auf die Grafen von Berg zurück, die sich hier vor etlichen Jahrhunderten niedergelassen hatten. Als der Ort 1856 die Stadtrechte erhielt, zählte man gerade 5000 Einwohner. Von einer Großstadt war man noch weit entfernt. Erst 1975 wurde im Zuge einer kommunalen Neugliederung Bensberg mit Bergisch Gladbach vereinigt, die Stadt wuchs beträchtlich, und bald war die magische Zahl von 100 000 Einwohnern erreicht. Seither trägt die ehemals überschaubare Ansiedlung der Grafen von Berg den Titel »Großstadt«.
Unsere Tour beginnt mit dem Erkunden urbaner Ansichten und endet mit einer Wanderung durch die stadtnahe Natur Richtung Herrenstrunden.

Erfrischend bei sommerlichen Temperaturen: der Brunnen vor dem Bergisch Gladbacher Rathaus

Heilige Figuren Von der S-Bahnstation über die Poststraße und die Hauptstraße gelangen wir zum Konrad-Adenauer-Platz, dem zentralen Platz von Alt-Bergisch Gladbach. Das dortige Rathaus wurde von dem Architekten Ludwig Bopp entworfen und 1906 fertiggestellt. Nur einen Steinwurf entfernt vom Rathaus und dem modernen, sich bewegenden Rathausbrunnen steht die im neuromanischen Stil erbaute St.-Laurentius-Kirche. Für Freunde sakraler Kunst

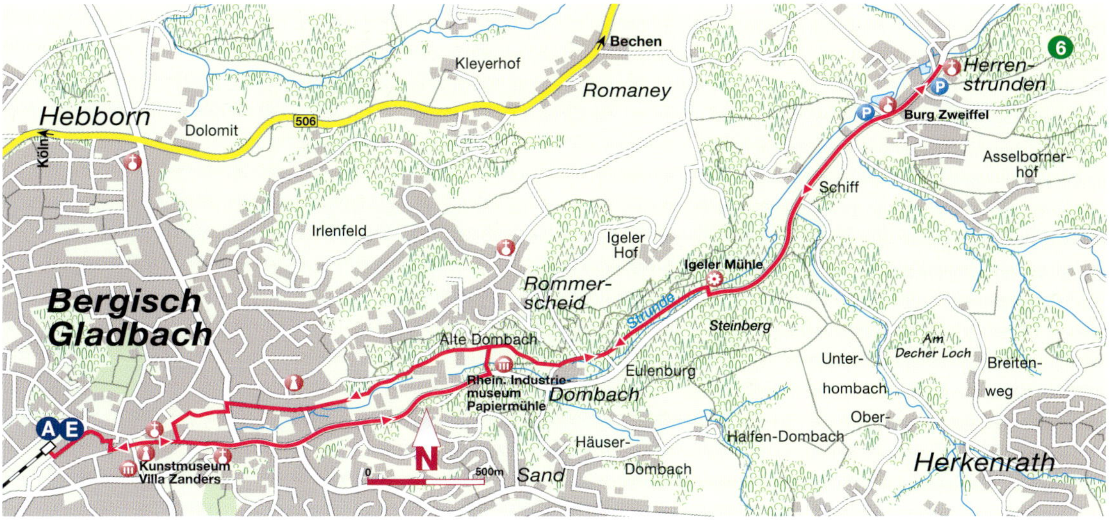

lohnt sich ein Blick ins Innere des erst im 19. Jahrhundert endgültig fertiggestellten Baus. Dort lassen sich Heiligenfiguren aus dem 15. Jahrhundert und ein ansehnlicher Kirchenschatz entdecken. Am Konrad-Adenauer-Platz befindet sich ebenfalls das Bürgerhaus »Bergischer Löwe« mit einer Bühne für Theaterstücke und Konzertaufführungen. Ein guter Ort, um den Tag mit einer kulturellen Veranstaltung ausklingen zu lassen.

Die Papierindustrie Bergisch Gladbach wäre heute nicht die Stadt, die sie ist, ohne die Papierindustrie. Davon zeugt die nahe dem Bürgerhaus in einem Park stehende Villa Zanders. Das aus dem 19. Jahrhundert stammende Juwel beherbergt heute neben Gemälden aus dieser Zeit auch die Sammlung »Papier als künstlerisches Medium«. Jedes Jahr werden einzelne Ausstellungsstücke, zu

Die St.-Laurentius-Kirche in Bergisch Gladbach ist nicht nur von außen ein Blickfang.

Gewaltige Maschinen im Industriemuseum »Papiermühle Alte Dombach«

denen Kunstwerke von Oskar Holweck oder Kenneth Noland gehören, ausgestellt. Thematischen Gleichklang bietet das Rheinische Industriemuseum »Papiermühle Alte Dombach« (www.rim.lvr.de). Ein etwas längerer Fußmarsch entlang der Hauptstraße und der Kürtener Straße bringt einen zu diesem Ort, an dem sich alles ums Papier dreht. In einer fast 400 Jahre alten Papiermühle bekommt man ein Gefühl für die industrielle Papierherstellung und deren Wandel im Laufe der Zeit. Im Außenbereich sind alte Maschinen aufgestellt, und etliche, bestens restaurierte Gebäude, wie das aus dem Jahr 1809 stammende Wohnhaus für vier Familien, zeigen sich von ihrer schönsten Seite. In einem sehr sehenswerten, auf dem Gelände befindlichen Museum erhalten Besucher auf anschauliche Weise Einblicke in die Welt des Papiers. Vor Ort kann beispielsweise mit eigenen Händen Papier geschöpft werden,

Außergewöhnliche Stadtführungen

Wer nicht auf eigene Faust Bergisch Gladbach auf den Zahn fühlen möchte, kann an einer der zahlreich durchgeführten Stadtführungen teilnehmen. Ob in Mundart oder auf Hochdeutsch, die Themen der städtischen Spaziergänge sind sehr unterschiedlich und in jedem Fall eine Bereicherung. Neben der klassischen Tour mit den typischen Sehenswürdigkeiten des Ortes kann man sich beispielsweise ganz den Aspekten der Architektur widmen oder nur die Geschichten der sakralen Stätten interessiert »aufsaugen«. Besonders empfehlenswert ist die Führung auf den Spuren des Lügschusters Matthias Tobias durch Bergisch Gladbach. In den Kleidern des Bergischen Eulenspiegels nimmt der Stadtführer die Gäste mit auf einen Ausflug voller Anekdoten und Schelmengeschichten.

Infos unter www.naturarena.de und www.bergischgladbach.de

oder man schaut sich auf einer geschlossenen Toilette sitzend die verfilmte Geschichte des Klopapiers auf einem großen Bildschirm an. Ebenso greift die Ausstellung die Auswirkungen auf die Umwelt auf und bringt Licht in die Lebensumstände der Papiermacher und ihrer Familien.

Es geht in die Natur Von der Papiermühle kann man die Strunde entlang auf einem Abschnitt des gekennzeichneten geologischen Lehrpfads durch die bergische Natur ins Stadtzentrum bis zum Gasthaus Paas zurückwandern. Mehrere Infotafeln am Wegesrand überraschen mit interessanten Erklärungen und Themen. An einer Stelle erfährt man Spannendes über die Mühlen an der Strunde, von denen es hier Dutzende gab. Ausdauernde Wanderer können in entgegengesetzter Richtung nach Herrenstrunden laufen. Auf dem unter anderem mit einer weißen Raute auf schwarzem Grund gekennzeichneten Wanderweg gelangt man am Ufer der Strunde durch den Auenwald Richtung Herrenstrunden. Zwischenzeitlich passiert man die Igeler Mühle und trifft in Herrenstrunden auf die direkt an der Straße stehende Burg Zweiffel, einen ehemaligen Adelssitz, der heute in Privatbesitz ist. Einige Meter weiter zeigt sich die aus dem 13. Jahrhundert stammende Malteser Komturei, die erste Mühle an der Strunde. Das Gebäude mit seinem angrenzenden Fischteich wird aktuell als Hotel genutzt, und das Restaurant lädt zu einer kulinarischen Rast ein. Die weiße Raute und später der geologische Lehrpfad weisen sicher den Rückweg nach Bergisch Gladbach.

Bergische Spezialitäten

Die »Bergische Kaffeetafel« schmeckt immer köstlich und ist sehr reichhaltig. Man muss sich Zeit nehmen für dieses kulinarische Unterfangen. Die bekannteste Spezialität des Bergischen Landes eignet sich ausgezeichnet als Stärkung nach einer Wanderung oder wenn man mit lieben Menschen eine gute Zeit verbringen möchte. Doch wer an ein profanes Zusammenkommen mit Kaffee und Kuchen denkt, irrt sich gewaltig. Bei einer »Bergischen Kaffeetafel« finden Grau- und Schwarzbrote, verschiedene Schinken-, Käse- und Kuchensorten sowie köstlich süße Aufstriche ihren Platz auf einem meist großen Tisch. Typisch und unverzichtbar für das üppige Mahl sind selbstverständlich frisch gebackene Waffeln mit heißen Sauerkirschen und Milchreis mit Zimt und Zucker. Guten Appetit!

Interessantes für Groß und Klein: der geologische Lehrpfad Richtung Bergisch Gladbach.

7 Surrealismus trifft Rokoko

Ein fußläufiges Erlebnis rund um Brühl

■ Tourencharakter
Wanderung ohne Steigungen
■ Ausgangs- und Endpunkt
Parkplatz Bahnhof Brühl
■ Anfahrt
A 553, AS Brühl-Ost
■ Streckenlänge
Ca. 7 km
■ Markierung
Keine
■ Karten
Naturpark Rheinland: Brühl und die Villenseen 1:25 000; Kompass 1:50 000, Nr. 758
■ Einkehr
Restaurant am Bahnhof Brühl, Restaurant Falkenlust am Jagdschloss
■ Information
Tourismusamt Brühl, Tel. 02232/7 93 45, www.bruehl.de/tourismus

Das nahe Köln gelegene Brühl überrascht mit einem von der UNESCO geadelten Weltkulturerbe im vollendeten Rokoko-Stil, einer barocken Gartenanlage der Extraklasse und einem Lustschloss voller Pracht. Den Ausflug in die Geschichte des 18. Jahrhunderts kann man fabelhaft ergänzen mit dem Besuch des Max-Ernst-Museums und des Phantasialandes.

Das Rokoko-Schloss Augustusburg Die Reise in die prunkvolle Vergangenheit Brühls beginnt am Brühler Bahnhof. Nach einigen Metern entlang dem Oberförsterweiher gelangen wir zum Eingang auf das Gelände des Schlosses Augustusburg. Von hier aus genießt man einen wunderbaren Blick auf das 1725 erbaute Gebäude. Flankiert wird man an dieser Stelle von zwei Schilderhäuschen mit Skulpturen des Herkules und der Minerva. Über einen mit einer Baumallee gesäumten und gepflasterten Weg gelangt man geradewegs zur Lieblingsresidenz des Kölner Kurfürsten Clemens August. Das Prunkstück, welches 1984 von der UNESCO zusammen mit den Brühler Gärten und dem Schloss Falkenlust zum Weltkulturerbe geadelt wurde, kann auf einer geführten Tour besichtigt werden.

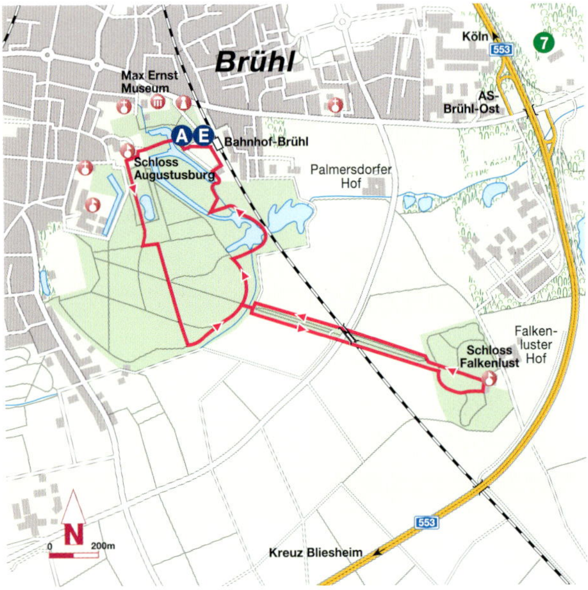

Barock geht es weiter Unmittelbar nördlich des Gebäudes findet sich außerhalb des Parks der sehenswerte Nordgarten mit der 1950 erbauten Christuskirche. Zurück durch das schmiedeeiserne Tor und vorbei am Schloss gelangen wir in die traumhafte barocke Gartenanlage, die von Dominique Girard ab 1728 geschaffen wurde. Der Virtuose in seinem Fach erlernte sein Handwerk in Versailles und hinterließ ein nach französischem Vorbild gestaltetes Kunstwerk, das dank gelungener Restaurierung zu einer der authen-

tischsten Gartenanlagen des 18. Jahrhunderts gehört. Die sogenannten gedeckten Lindenalleen seitlich der vier Springbrunnen und des großen Spiegelweilers laden mit ihren Ruhebänken und angrenzenden Rasenflächen zum Entspannen und Picknicken ein. Vorbei an der großen Wasserkunst mit Kaskade und mehreren Skulpturen spazieren wir auf der breiten Poppelsdorfer Allee durch einen von Peter Joseph Lenné im 19. Jahrhundert gestalteten Waldbereich. Das Areal, für dessen Entwurf ein englischer Landschaftsgarten Pate stand, wird von zahlreichen Wegen durchzogen. Wir bleiben auf der Hauptachse und gelangen am Ende über einige Stufen zu einem halbrunden Plateau mit drei Steinbänken, dem Belvedere.

Nicht nur von Außen eine Pracht. Ein Rundgang durch das Schloss Augustusburg lohnt sich in jedem Fall.

Jagdschloss Falkenlust Nun folgen wir links dem Weg am Wassergraben entlang, bis wir rechtsseitig ein großes Tor entdecken. Wir verlassen den Park von Schloss Augustusburg und folgen dem beschilderten Weg zum etwa 2,5 Kilometer entfernten Jagdschloss Falkenlust.

Dabei queren wir im Verlauf die nahe gelegene Eisenbahnstrecke und erreichen über einen alleeähnlichen, breit angelegten Fußweg

Kunstvoll – das Jagdschloss Falkenlust

das Lustschloss des Erzbischofs Clemens August. Das von François de Cuvilliés entworfene Rokoko-Schmuckstück kann man auf eigene Faust mit einem zur Verfügung gestellten Informationsblatt erkunden. Auch zur Falknerei, einer der Lieblingsbeschäftigungen von Clemens August, erfährt der Besucher Interessantes. Nur wenige Meter vom Jagdschloss entfernt, entstand um 1730 die Grottenkapelle, die im Inneren mit Kristallen, Mineralien und Muscheln ausgeschmückt wurde. Nun führt uns der gleiche Weg wieder zurück zum Schloss Augustusburg. Durch das Tor betreten wir den Park und halten uns rechts, so kommen wir auf direktem Weg zum Großen Inselweiher, der gern mit seinen zahlreichen Bänken und der friedvollen, lichten Atmosphäre zum Tagträumen und Plauschen genutzt wird.

Phantasialand Brühl

Der riesige Freizeitpark ist eine Bereicherung für jedes Familienprogramm. Er liegt unweit des Brühler Schlosses und ist von dort mit einem Shuttlebus in kurzer Zeit zu erreichen. Aufgrund des doch recht hohen Eintrittspreises und der zahllosen Attraktionen sollte man für den Besuch mindestens einen guten halben Tag einplanen. Denn wer möchte schon auf den Nervenkitzel beim »freien Fall« im Mystery Castle, auf eine erfrischende Tour auf der Wildwasserbahn oder auf die rasante Fahrt mit der »Black Mamba« verzichten? Neu zum Angebot hinzugekommen ist der Spaß »Maus au Chocolat«. Was sich dahinter verbirgt, wird nicht verraten. Einfach überraschen lassen. Verschiedenste Shows und Gastronomiebetriebe ergänzen das vielfältige Angebot.

Infos unter www.phantasialand.de

Nun wird es surreal und dadaistisch Rechts entlang verläuft der Pfad Richtung Eisenbahnstrecke und biegt dann links ab über eine kleine Brücke zwischen Kleinem und Großem Inselweiher. Die hier verlaufende Eisenbahnstrecke von Köln nach Bonn wurde im Jahr 1844 eröffnet und ganz bewusst in die Gartengestaltung mit einbezogen. Daher unterbricht hin und wieder ein vorbeikommender Zug die idyllische Ruhe. An der nächsten Gabelung gehen wir nach rechts, bis wir rechter Hand zum Alten Gartenmeisterhaus kommen. Jetzt sind es noch einige Meter, bis wir den Ausgangspunkt am Brühler Bahnhof, der 1845 fertiggestellt wurde, erreicht haben.

Je nach Zeit und Lust kann man ein weiteres kulturelles Highlight in Brühl erkunden, welches in nur wenigen Minuten fußläufig erreichbar ist. Es geht auf dem Zugangsweg zum Parkplatz zurück zur Hauptstraße, die sich Comesstraße nennt. Wir halten uns links, und nach ein paar Metern sehen wir links die Gebäude des Max-Ernst-Museums. Das 2005 eröffnete Museum ist weltweit das einzige Museum, welches dem Werk des in Brühl geborenen Künstlers auf so umfassende Weise huldigt. Untergebracht ist die Sammlung in einem architektonisch herausstechenden Gebäudeensemble aus original klassizistischen und andererseits modernen Elementen.

Der Künstler Max Ernst

Max Ernst erblickte am 2. April 1891 in Brühl das Licht der Welt. Schon während seines Studiums der Philosophie, Psychologie und Kunstgeschichte an der Bonner Universität wuchs sein Interesse an der Kunst und Malerei. Nach der Zeit als Soldat im Ersten Weltkrieg engagierte sich Max Ernst immer mehr im künstlerischen Bereich. 1922 zog er nach Paris und erlangte innerhalb kurzer Zeit hohes Ansehen als Maler des Surrealismus. Während des Nazi-Regimes wurde seine Kunst als entartet diffamiert, und Max Ernst floh in die USA. Erst 1953 kehrte er zurück nach Frankreich. Während seines künstlerischen Schaffens als Maler, Bildhauer, Grafiker und Dichter traf er auf Künstler wie Joan Miró, Salvador Dalí oder Marcel Duchamp. Am 1. April 1976 verstarb Max Ernst im Alter von 84 Jahren in Paris.

Infos unter www.maxernstmuseum.lvr.de

8 Wasser, Wald und ein Bergbauingenieur

Ein Streifzug rund um den Otto-Maigler-See in Hürth

■ **Tourencharakter**
Leichte Wanderung rund um den See
■ **Ausgangs- und Endpunkt**
Parkplatz Kloster Burbach, Hürth
■ **Anfahrt**
A 1, AS Hürth
■ **Streckenlänge**
Ca. 5 km
■ **Markierung**
Keine
■ **Karte**
Naturpark Rheinland: Brühl und die Villeseen 1:25 000
■ **Einkehr**
Strandbad Otto-Maigler-See
■ **Information**
Stadt Hürth, Tel. 02233/530, www.huerth.de

Unmittelbar im Süden von Köln breitet sich eine beeindruckende Landschaft aus, die mit ihrem leicht hügeligen Charakter, ihren Wäldern und zahlreichen Seen ein bevorzugtes und beliebtes Freizeitrevier für Naturbegeisterte und Badefreunde ist. Es ist die Rede von der Ville-Seen-Platte, die sich im Zentrum des Naturparks Rheinland befindet. Das gesamte Gebiet ist eine rekultivierte Landschaft als Folge des Braunkohletagebaus von Anfang des 19. bis Mitte des 20. Jahrhunderts.

Unsere Wanderung führt um den über zwei Kilometer langen und höchstens knapp 400 Meter breiten Otto-Maigler-See, ein 1977 eröffneter Badesee mit einem ausnehmend hohen Beliebtheitsgrad. Vor Ort erkennt man, warum dies so ist. Die Badelocation liegt malerisch, wird umrahmt von einem Waldgebiet, und am Ufer findet man überall ein lauschiges Plätzchen, von dem man den Sprung ins erfrischende Nass wagen kann. Das Strandbad mit Beachclub sorgt zusätzlich für pures Sommerfeeling. Gerade für asphaltgewöhnte Städter eine grüne Oase zum Regenerieren.

Hecken statt Mauern Der See selbst ist nach Stilllegung des Braunkohletagebaus durch zufließendes Grundwasser entstanden. Wir starten am Kloster Burbach, direkt am Parkplatz. Von der ehemaligen Klosteranlage aus dem 13. Jahrhundert und dem Kirchengebäude finden sich kaum steinige Zeitzeugen. Eine Hainbuchenhecke auf der linken Seite des Weges symbolisiert die Außenmauern des zerstörten Sakralkomplexes. Auf der linken Seite, kurz bevor die Strecke nach rechts verläuft, steht noch das 1727 erbaute Forsthaus, und der 60 Jahre ältere nebenstehende Torbogen führt auf den heutigen Hof. Alle Gebäude, die man hier sehen kann, gehör-

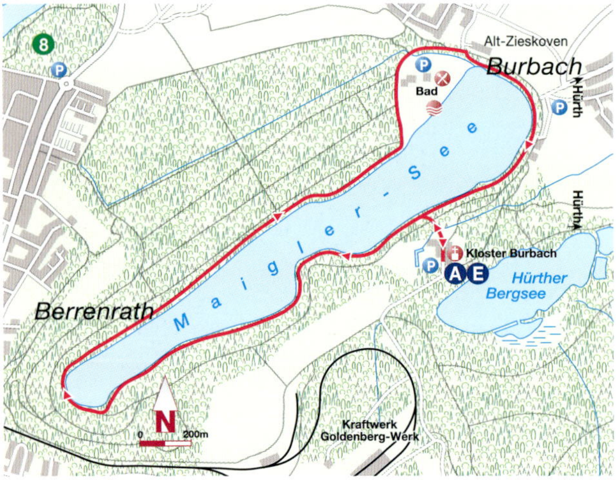

Am Startpunkt der Wanderung informiert eine Tafel über die Geschichte des Klosters Burbach.

ten zum Landwirtschaftsbetrieb des Klosters. In einem umzäunten Bereich auf der rechten Seite ruhen sich junge Damhirsche im Schatten aus. Ob diese tierischen Schmuckstücke hier immer zu finden sind, ist unbekannt. Der asphaltierte Weg leitet uns in den dichten Wald der Villelandschaft, und wir treffen nach wenigen Metern auf die erste Abzweigung. Wir entscheiden uns für die linke Variante und laufen auf einem schmalen Waldpfad geradeaus, bis wir erneut auf einen Weg stoßen. Wir orientieren uns nach rechts bergauf und treffen auf eine kleine Kreuzung.

Entscheidungen sind gefragt Hier muss man sich entscheiden. Es gibt nun zwei Routen: Der Weg geradeaus führt uns bergab zum Otto-Maigler-See auf den dortigen Ufer-Rundweg, der es erlaubt, fast ununterbrochen den See vor Au-

Kletterhalle Chimpanzodrome in Frechen

Kraft, Geschick und Grenzen testen kann man erstklassig in der sehr ansprechenden Kletter- und Boulderhalle in Frechen, nur wenige Kilometer von Hürth entfernt. Nach einem kurzen Einsteigerkurs, der für Anfänger Pflicht ist, und der Ausgabe der Kletterausrüstung geht es los. Stets zwei Personen bilden ein Team, es wird abwechselnd geklettert und gesichert. Die Griffe mit einheitlicher Farbe bilden eine Route, so ist es nicht allzu schwer, außer man ist farbenblind, den richtigen Weg nach oben in bis zu 14 Meter Höhe zu finden. Schon junge Kids können hier ihre Leistungsgrenzen austesten und ihre Beweglichkeit und Ausdauer steigern. Dabei kommt der Spaß natürlich nicht zu kurz. Kinder, die den besonderen Kick für ihre Geburtstagsparty suchen, sind in Frechen ebenfalls gut aufgehoben.

Weitere Infos unter www.chimpanzodrome.de

gen zu haben. Bei Badewetter eröffnen sich im Böschungsbereich immer wieder schöne Stellen zum Schwimmen und fürs Picknick. Wunderbare Aussicht inklusive. Die andere Möglichkeit führt direkt vom Standort aus nach links, einige Höhenmeter oberhalb des Gewässers um dieses herum. Wer bei Hitze und prallem Sonnenschein im Schatten die Tour bewältigen möchte, der wähle die obere Strecke. Kleine Pfade verbinden hin und wieder beide Wegführungen. Für Zerstreuung ist also gesorgt.

Baden und Sonnen am Otto-Maigler-See

Natur und Kultur rund um Hürth

Wilde Tiere Für Abwechslung sorgt übrigens auch der hohe Artenreichtum bei Fauna und Flora. Unterschiedlichste Entenarten und Höckerschwäne bevölkern den Otto-Maigler-See. Kormorane lieben das Gewässer aufgrund der zahlreichen Fischarten wie Barsch, Zander und Weißfisch. Wer sich mit Pflanzen auskennt, wird bei genauem Hinschauen die eine oder andere Rarität entdecken können. Nachdem man über die Hälfte der Tour er-

wandert hat, öffnen sich die Tore des Strandbades, jedenfalls im Sommer. Das Gelände mit seinem breiten Sandstrand und dem coolen Beachclub mit hohem Chill-Faktor ist über die Grenzen Hürths und Kölns hinaus bekannt für entspannte Stimmung und sonniges Vergnügen. Apropos Otto-Maigler-See: Namensgeber ist der 1893 in den USA geborene Otto Maigler, der als Bergbauingenieur und Betriebsdirektor der Roddergrube und der Grube Brühl entscheidend für die positive Entwicklung des rheinischen Braunkohlereviers verantwortlich war. Hier wurde ihm ein Denkmal gesetzt. Auf breiten Wegen geht es nun noch wenige Kilometer zurück zum Ausgangspunkt.

Auch Jogger lieben das Ufer des Otto-Maigler-Sees.

Strom aus Kohle Schon bei der Anreise wird jedem das riesige und unübersehbare Braunkohle-Kraftwerk Goldenberg auffallen. Früher wurde hier die im jetzigen Ville-Seen-Gebiet im Tagebau geförderte Kohle verheizt. Schon 1914 begann man an dieser Stelle, dem Knapsacker Hügel, Energie zu produzieren. Das heutige Werk erzeugt circa 1,3 Milliarden Kilowattstunden Strom im Jahr. Wer mehr über den Braunkohletagebau in der Region erfahren und sich einen Eindruck vor Ort verschaffen möchte, kann an einer von der RWE AG durchgeführten kostenlosen Fahrt durch den Braunkohletagebau Garzweiler teilnehmen.

Ein Besuch in Alt-Hürth

Der Hürther Stadtteil Alt-Hürth ist für seine historischen Sehenswürdigkeiten bekannt und liegt nur wenige Fahrminuten mit dem Auto vom Otto-Maigler-See entfernt. Kirchenliebhaber finden hier das älteste Gotteshaus der Stadt. Die Pfarrkirche am Brabanter Platz mit ihrem wuchtigen Turm aus gotischer Zeit und barockem Schieferdach wurde im Laufe der Jahrhunderte mehrmals umgestaltet und erweitert, letztmalig um 1920. Durch den Bau der neuen Pfarrkirche St. Katharina verlor das »alte Kloster« an Bedeutung. Heute ist dort eine Musikschule untergebracht. Schön anzusehen ist auch das gegenüberliegende Pfarrhaus, ein Fachwerkbau aus dem 19. Jahrhundert. Ein größeres Fachwerkgebäude erstreckt sich an der Lindenstraße. Diese aufwendig restaurierte und ebenfalls aus dem 19. Jahrhundert stammende Hofanlage beherbergt aktuell ein Kulturzentrum unter ihrem Dach.

9 Eine Symbiose aus Mittelalter und Natur

Ein Gang durch Zons und die Urdenbacher Kämpe

Tourencharakter
Leichter Stadtrundgang und einfache Wanderung
Ausgangs- und Endpunkt
Zons an der Rheinfähre Zons-Urdenbach
Anfahrt
A 57, AS Dormagen; ÖPNV: Bahnhof Dormagen
Streckenlänge
Urdenbacher Kämpe ca. 6 km
Markierung
Zum »Haus Bürgel« der Ausschilderung folgen
Karte
Kompass 1:50 000, Nr. 756
Einkehr
Mehrere Möglichkeiten in Zons
Information
Tourist-Information Dormagen (Zons), Tel. 02133/276 28 15, www.dormagen.de

Dutzende kleine Fachwerkhäuser oder Backsteinhäuser aus dem 18. und 19. Jahrhundert, eine vollständig erhaltene Stadtmauer mit wehrhaften Türmen und eine reichhaltige Auswahl an Restaurants und Cafés in wunderschön hergerichteten historischen Gebäuden machen den unvergleichlichen Charme der Zollfeste Zons am Rhein aus.

Eintritt ins Mittelalter Das Rheintor im Norden der Altstadt gewährt Eintritt in ein mittelalterliches Ambiente, das aufgrund seiner Vollständigkeit und seines gut erhaltenen Zustands eine Seltenheit ist im Rheinland. Wer von der Fähre am Herrenweg kommt, trifft auf das genannte Rheintor mit dem weiß verputzten alten Zollhaus aus dem 18. Jahrhundert, in dem zu früheren Zeiten der Rheinzoll entrichtet wurde. Seit Mitte des 19. Jahrhunderts diente das zur Stadtbefestigung gehörende Haus den Franziskanerinnen und später den Vinzentinerinnen als Kloster. Die Kapelle »Maria von den Engeln« aus dem Jahr 1860 gehört ebenfalls zum sehenswerten Gebäudeensemble, genauso wie der mit 26 Metern höchste und imposanteste Wehrturm von Zons aus dem Jahr 1388. Vor dem Zollhaus begrüßt seit 2010 übrigens der

Zons am Rhein präsentiert sich charmant und voller Historie.

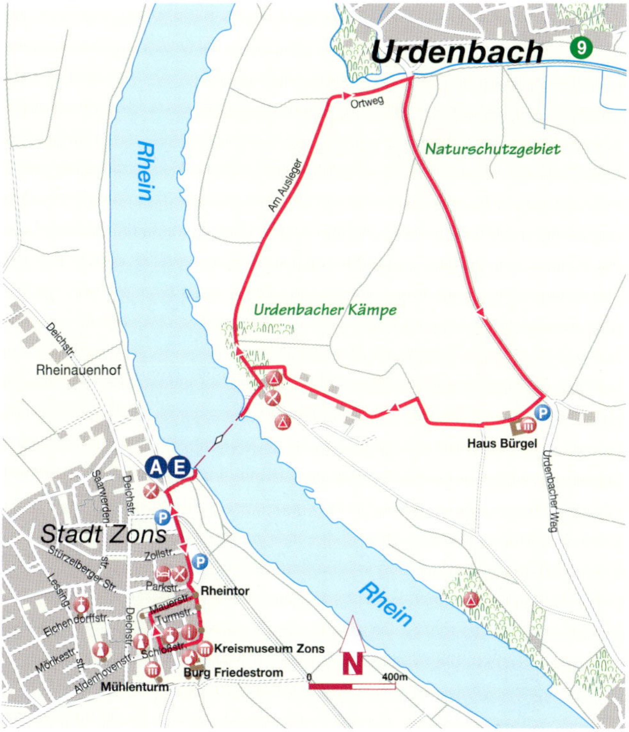

Eine Zonser »Pfefferbüchse«

Gründer der Stadt Zons, Friedrich von Saarwerden III., in Bronze gegossen als Denkmal Besucher wie Einwohner.

Pfefferbüchsen am Wegesrand Unter der Schutzengelfigur des Nordtores hindurch gelangt man in die von einer Stadtmauer umschlossene Altstadt von Zons. Die dörfliche Siedlung wurde 1373 zur Stadt erhoben. Während man auf der Rheinstraße nach Süden zum Schlossplatz bummelt, sollte man hin und wieder auf die Häuser rechts und links achten. Ein mit Backstein verblendetes Fachwerkhaus aus dem Jahr 1620 oder das mit einem hölzernen Balkon versehene Gebäude, in dem sich heute die Gaststätte »Stadt Zons« befindet, sind nur zwei Beispiele historischer Sehenswürdigkeiten in dieser Straße. Nicht zu übersehen sind zwei sogenannte »Pfefferbüchsen«, die als Wachtürmchen und auch als Gefängnis genutzt wurden. Wie in den meisten Straßen der Zollfeste Zons, so stellen sich auch in der Gasse »Hohes Örtchen« schmucke, kleine und große, manchmal schmale Häuser aus dem 18. und 19. Jahrhundert zur Schau. Beachtenswert ist auch ein Wohnhaus in der Mauerstraße, dessen Rückwand und Giebel direkt mit der Stadtmauer verbunden sind. Die Stadtbefestigung mit ihren Gräben und Wällen erlangte ihr Erscheinungsbild zwischen 1373 und 1408.

Burg Friedstrom Ebenfalls aus dieser Zeit stammt die im Südosten errichtete Burg Friedstrom, die fast 20 Prozent der gesamten Altstadtfläche einnimmt. Zu der nahezu quadratischen Anlage, die aus einem Teil der Stadtmauer besteht, gehören das Herrenhaus, in dem heute das Kreismuseum untergebracht ist, und auch der fast 36 Meter hohe Juddeturm, in dessen Untergeschoss sich ein fensterloses Burgverlies versteckt. Gespickt ist der Turm mit Pechnasen und Schießscharten. Die Herkunft des Namens ist nicht endgültig geklärt, man führt die Namensgebung auf die Kölner Patrizierfamilie Judde zurück. Die Turmhaube aus Schiefer im Barockstil stammt aus dem 17. Jahrhundert und ersetzt die frühere pyramidenförmige Dachkonstruktion. Doch Zons ist nicht nur eine in Stein gehauene Erlebniswelt. Eine besondere Attraktion im Süden der Stadtmauer an der Burg Friedstrom erfreut über die Sommermonate jedes Jahr Jung und Alt. Die Freilichtbühne Zons und ihr Ensemble bringen Märchenstücke auf die Bühne mit Tanz, Musik und liebevoll geschneiderten Kostümen.

Der Schweinebrunnen Wenige Schritte sind es zum Mühlenturm, der sich ganz in der Nähe an der südwestlichen Ecke der mittelal-

Geo- und Wildpark im Tannenbusch

Tierisch, ein wenig steinig und oft sportlich geht es im Dormagener Stadtteil Delhoven unweit von Zons zu. Tannenbusch, ein 100 ha großes Areal, hat all das zu bieten. Der Wildpark mit seinen Hunderten von Tieren, mal winzig, mal riesig, lädt seit 1958 Tierfreunde zum Besuch ein und ein tolles Wildfreigehege gibt es noch dazu. Ein weiteres Highlight ist der aus den Achtzigerjahren stammende Geopark mit seiner Sammlung von Gesteinen, die zusammen mit ausführlichen Erläuterungstafeln viel Wissenswertes über die Geologie unserer Landschaft verraten. Auch der Naturerlebnispfad bietet viel Interessantes. Und wem dies nicht genügt, kann seine sportlichen Ambitionen auf dem Fitnessparcours oder der Nordic-Walking-Strecke ausleben.

Weitere Infos unter www.sdw-dormagen.de

Nachfolgende Doppelseite: Ruhe und Natur im Überfluss, auch das ist Düsseldorf.

Zons und seine Schweine! Eine Geschichte für sich.

terlichen Befestigungsanlage erhebt. Wann genau hier zum ersten Mal mittels Windkraft gemahlen wurde, ist nicht genau belegt, eine Quelle nennt das Jahr 1447. Letztmalig drehte sich das Räderwerk zum eigentlichen Zweck der Mühle im Jahr 1907. Heute kann man das Bauwerk, die faszinierende Technik und das vorhandene kleine Museum in der Saison besichtigen. Ein spannender Abstecher in die frühere Phase der ökologischen Windnutzung. Verlässt man die Altstadt auf der Schlossstraße Richtung Westen trifft man auf den Schweinebrunnen, ein Relikt aus moderneren Zeiten. Das Wasserspiel der tierischen Art, das der Bildhauer Bernhard Lohf entwarf, stammt aus dem Jahr 1959. Das »säuische« Kunstwerk erinnert an die »Zonser Schweinefehde« im 16. Jahrhundert, bei der der damalige Erzbischof Salentin von Isenburg ein schmähliches Spiel mit den Zonsern und einigen Dutzend Schweinen trieb.

Naturschutzgebiet Urdenbacher Kämpe Wir verlassen nun Zons über das Rheintor und unternehmen eine kurze Fährfahrt über den Rhein zum Naturschutzgebiet Urdenbacher Kämpe. Wer sich vor der kurzen Wanderung stärken möchte, hat zuvor in Zons reichhaltig Gelegenheit dazu. Die zu den letzten nicht eingedeichten Auenlandschaften gehörende Urdenbacher Kämpe kann auf verschiedenen Wegen erkundet werden. Beispielsweise kann man von der Fähranlegestelle nach links über die Strecke »Am Ausleger« und »Ortweg« der Beschilderung zur biologischen Station »Haus Bürgel« folgen, wo man auch eine archäologische Ausstellung besichtigen kann. Von dort aus geht es an der Station vorbei auf kleinen Wegen zurück zur Fähre.

Urdenbacher Kämpe und Haus Bürgel

»Klein, aber fein« könnte das Motto des 316 ha umfassenden Naturschutzgebietes »Urdenbacher Kämpe« lauten. Unmittelbar am Rhein im Süden von Düsseldorf gelegen, zählt diese Region zu einer der letzten Auenlandschaften, die nicht durch einen Deichbau in ihrer Natürlichkeit stark verändert wurde. Vor Ort kann man sich ein Bild davon machen. Vielleicht hört man die hohe Singstimme des männlichen Pirols oder entdeckt in luftigen Höhen den Schwarzmilan, der nach Beute Ausschau hält. Aber auch seltene Pflanzen finden sich in diesem immer wieder überschwemmten Gebiet. Während geführter Exkursionen oder anderen Veranstaltungen hält die biologische Station »Haus Bürgel« weitere Informationen zur Urdenbacher Kämpe und anderen Düsseldorfer Schutzgebieten bereit.

Infos zu Haus Bürgel unter www.biostation-d-me.de

Das Rheinland
rund um Düsseldorf

10 Auf Napoleons Spuren

Eine Radtour von Neuss nach Viersen entlang dem Nordkanal

■ Tourencharakter
Radtour mit Bahnrückfahrt
■ Ausgangs- und Endpunkt
Hauptbahnhof Neuss
■ Anfahrt
A 57, AS Neuss; ÖPNV: Hauptbahnhof Neuss
■ Streckenlänge
Ca. 25 km
■ Markierung
A3, Fietsweg mit blauen Kennzeichen
■ Karte
Kompass 1:50 000, Nr. 755
■ Einkehr
Einige Möglichkeiten in Neuss, Kaarst oder Viersen
■ Information
Tourist-Information Neuss, Tel. 02131/403 77 95, www.neuss-marketing.de; Radstation am Hauptbahnhof, Further Straße 2, 41462 Neuss, Tel. 02131/661 98 90

Wie so oft im Rheinland finden sich auch in Neuss deutliche Spuren der römischen Siedlungsgeschichte. An der wichtigen Römerstraße von Köln nach Xanten entstand kurz vor Christi Geburt das römische Lager der Garnison Novaesium. Das im Stadtteil Gnadental zu findende Denkmal gehört zu den ältesten Militärlagern der Region. Doch die Stadt am Rhein stand in der Vergangenheit noch unter anderen Einflüssen von außen. Von 1794 bis 1814 gelangte Neuss unter französische Herrschaft.

Dies war die Geburtsstunde des Nordkanals, mit dessen Bau im Jahr 1807 auf Drängen Napoleons begonnen wurde. Frankreichs Kaiser hatte die Idee, eine Wasserstraße von Neuss nach Antwerpen zu errichten. Aufgrund politischer Veränderungen verlor die Fertigstellung des technischen Meisterwerks nach einigen Jahren Bautätigkeit an Bedeutung, und man stellte die Arbeiten ein.

Von Neuss nach Holland Der heute sogenannte »Fietsweg«, der uns auf der beschriebenen Tour von Neuss nach Viersen führt, ist insgesamt 100 Kilometer lang, verläuft weiter über das Nettetal nach Venlo und endet im niederländischen Nederweert. Der 2009 zum Radweg des Jahres in NRW gewählte »Fietsweg« soll an das von Napoleon initiierte historische Baudenkmal erinnern. Die gut mit Markierungsstangen oder einem blauen Bodenband gekenn-

Der »Fietsweg« führt einige Zeit an der Bahnstrecke entlang, die uns später wieder von Viersen zurück nach Neuss bringt.

zeichnete Strecke verläuft weitestgehend am sichtbaren und verborgenen Nordkanal entlang. Etliche lehrreiche Infopunkte am Wegesrand sorgen für Hintergrundwissen und Orientierung und Rastplätze für Entspannungsmöglichkeiten.

Wir verlassen Neuss und radeln weiter nach Kaarst.

Das »Jröne Meerke« Unsere Radtour startet am Neusser Hauptbahnhof. Wer nicht mit eigenem Fahrrad anreist, kann an der dort existierenden Radstation einen fahrbaren Untersatz für den Tagesausflug mieten. Der Rückweg von Viersen erfolgt mit Bahn und Fahrrad wieder zum Neusser Ausgangspunkt. Gut ausgestattet mit Verpflegung und guter Laune treten wir in die Pedale und folgen der Further Straße, bis wir links in die Wolberostraße einbiegen können. Am Kreisverkehr lenken wir nach rechts in die Steinhausstraße und dann direkt links in die Eintrachtstraße. Wir folgen der Markierung A3 die Bahnstrecke entlang bis zum »Jröne Meerke«, einem beliebten Erholungsgebiet der Neusser. Dort geht die Strecke in den »Fietsweg« über, und man rollt ohne größere Steigungen Richtung Kaarst. Hier verläuft der Weg eine Zeit lang auf einem sicheren Radweg eine viel befahrene Straße entlang. Auf der linken Seite

Schrebergärten im »Jröne Meerke«

Sonnenuntergang am Kaarster See

Museum Insel Hombroich

Ein ganz besonderer Ort ist das Museum Insel Hombroich in Holzheim bei Neuss und allein für sich genommen schon einen Tagesausflug wert. Auf fabelhafte Weise wurde das Motto »Kunst parallel zur Natur« umgesetzt und mit Leben gefüllt. In einer Auen- und Parklandschaft wandelt man auf verschlungenen Wegen zu zahlreichen, von Erwin Heerich entworfenen und vom Düsseldorfer Architekten realisierten Bauten, die öfter mit einer Portion Extravaganz aufwarten. Auf dem Spaziergang durch die Natur trifft man im Tadeusz-Pavillon, im Zwölf-Räume-Haus und in vielen anderen Gebäuden auf Werke unterschiedlichster Künstler. Freuen Sie sich auf große Kunst von Hans Arp, Henry Matisse oder Paul Cézanne. Genauso können aber auch Khmer-Skulpturen und Figuren aus China begeistern. Eine angegliederte Cafeteria sorgt für das leibliche Wohl.

Weitere Infos unter www.inselhombroich.de

begleitet uns der wasserführende Nordkanal. Einen kurzen Abstecher lohnt das wenige Hundert Meter vom »Fietsweg« entfernte, in den Neunzigerjahren neu gestaltete Zentrum von Kaarst. Ein kleiner Park mit hügeligen Elementen, eine übersichtliche Seenlandschaft mit modernen Skulpturen und angrenzenden Gastronomiebetrieben und das architektonisch auffällige Rathaus geben dem urbanen Stadtkern das gewisse Extra.

Baden am Kaarster See Immer Napoleons Wasserstraße im Blick fahren wir Richtung Korschenbroich und Mönchengladbach. Dabei passiert man den Kaarster See, ein schmuckes Freizeitzentrum mit Badesee und ansehnlichem Sandstrand. Wer Badesachen im Gepäck und ein paar Euro für den Eintritt übrig hat, gönnt sich zur Abkühlung eine Stippvisite im erfrischenden Nass. Die Tour führt weiter durch eine ebene und offene Landschaft, begleitet vom hier noch wasserführenden Nordkanal.

Schlösser am Wegesrand In Korschenbroich und in Willich-Neersen, jeweils etwas abseits der Tour, kommen Liebhaber von Schlössern auf ihre Kosten. Schloss Myllendonk bei Korschenbroich, das leider nicht besichtigt werden kann, ist eine imposante Wasserburg. Es wurde im 14. und 15. Jahrhundert erbaut und erfuhr bereits 100 Jahre später eine starke bauliche Umgestaltung. Schloss Neersen, ehemals eine romanische Burg, ließ Adrian von Virmond im 17. Jahrhundert prachtvoll umbauen. Die Anlage mit Freilichtbühne und schönem Park wird immer wieder für kulturelle Veranstaltungen genutzt.

Technik zum Erleben Wenige Kilometer vor dem Zielpunkt Viersen trifft man in Mönchengladbach, am Kreuzungspunkt des geplanten Kanals mit der Niers unmittelbar am Radweg auf die »Erlebnisbrücke«. Die nach Bauplänen und Vorstellungen aus dem 19. Jahrhundert gefertigte Brückenkonstruktion erfordert etwas Muskelkraft. Denn nur durch Eigenleistung gelangt man mittels Seilzug in einem stählernen Korb über die »tosende« Niers. Die letzten Kilometer nach Viersen sind nun nur noch ein leichtes Dahinradeln. Die zeitgenössische Skulpturensammlung an der Städtischen Galerie am Rathauspark ist in Viersen neben den dortigen Wechselausstellungen ein möglicher Anlaufpunkt, bevor es mit dem Zug zurück nach Neuss geht. Der Viersener Bahnhof befindet sich fast unmittelbar am Radweg.

Skihalle Neuss und Kletterpark

Eine Skifahrt im Sommer am Niederrhein, warum nicht? Mit Mütze und Handschuhen gegen die Kälte ausgestattet, schwingt man in Neuss ganzjährig auf frischem Schnee den Berg hinab. Snowboarder, Skifahrer und Rodler vergnügen sich auf unterschiedlich steilen Pisten bei gleichbleibenden Temperaturen und künstlichem »Sonnenschein«. Zwei Schlepplifte und ein Sessellift bringen die Wintersportler zum »Gipfel«. Ausgepowert und glücklich schmeckt es am besten, dafür bieten der Salzburger Alm Biergarten oder der Jausenstadl eine große Auswahl an Getränken und kulinarischen Köstlichkeiten. Wer lieber unter der realen rheinländischen Sonne sportlich aktiv werden und dabei hoch hinaus möchte, seilt sich an und probiert die bis zu 32 m hohe Kletterwand im Außenbereich aus.

Infos unter www.allrounder.de

Kunst an Napoleons Kanal

11 Von Mode bis Architektur

Mit dem Rad und zu Fuß durch Düsseldorf

- **Tourencharakter**
  Kombinierte, leichte Fuß- und Fahrradtour
- **Ausgangs- und Endpunkt**
  Königsallee/Ecke Bahnstraße, Düsseldorf
- **Anfahrt**
  A 46, AS Düsseldorf-Bilk; ÖPNV: Hauptbahnhof Düsseldorf, U-Bahn-Haltestelle Steinstraße/Königsallee
- **Streckenlänge**
  Ca. 10 km
- **Markierung**
  Keine
- **Karte**
  Stadtplan Düsseldorf
- **Einkehr**
  In der Altstadt und im Medienhafen zahlreiche Möglichkeiten
- **Information**
  Düsseldorf Tourismus, Tel. 0211/17 20 28 44, www.duesseldorf-tourismus.de

Geliebt und geschätzt wird Düsseldorf aufgrund vieler Dinge. Nicht jeder mag alles, aber für jeden ist etwas dabei: ob schiefe, vom Stararchitekten entworfene Häuser, Kunstmuseen unterschiedlichster Couleur, eine Prachtmeile zum Bummeln und Shoppen oder eine Altstadt mit Rheinpromenade der sehenswerten Art. Die unterschiedlichen Facetten Düsseldorfs, der Landeshauptstadt Nordrhein-Westfalens, lassen sich bestens zu Fuß und mit dem Fahrrad erkunden.

Königsallee Schmucke Designerläden, brillante Juweliergeschäfte und eine Straßengastronomie zum Sehen und Gesehenwerden sind typische Kennzeichen der **Düsseldorfer »Kö«** (1), wie der Prachtboulevard kurz und prägnant tituliert wird.
Ab der Ecke Königsallee/Bahnstraße treten wir in die Pedale und radeln unter Pappeln und Kastanien den Wassergraben mit seinen zwei Brücken entlang auf dem Radweg Richtung Altstadt. Die »Kö« endet am Hofgarten, der ältesten Parkanlage der Stadt und einem beliebten Pausenplatz und Treffpunkt für die arbeitende Bevölkerung der Gegend.

In Düsseldorf spielt Kunst eine große Rolle. Die Kunsthalle gehört dazu.

Düsseldorf Helau! Düsseldorf ist eine der Karnevalshochburgen am Rhein.

Kunst und Musik Wenn man das Gebäude der Deutschen Oper am Rhein aus den Fünfzigerjahren passiert, erreicht man auf der linken Seite der Heinrich-Heine-Allee den Grabbeplatz und das K20 der Kunstsammlung NRW. Auch gegenüber präsentiert sich mit der **Kunsthalle Düsseldorf** ❷ jede Menge geballte Kreativität in wechselnden Ausstellungen. Der Betonkubus, in dessen Innerem auch der Kunstverein untergebracht ist, stammt aus dem Jahr 1967 und geht auf Ideen der Architekten Beckmann und Brockes zurück.

Auf der Mühlenstraße fahren wir Richtung Rhein zum Burgplatz mit dem Schlossturm und der »Spanischen Treppe«. Seinen Namen verdankt der Platz einer mächtigen Burganlage, die früher hier stand. Der Alte Schlossturm stammt aus jüngerer Zeit und dient heute als **Schifffahrt-Museum** ❸, das das

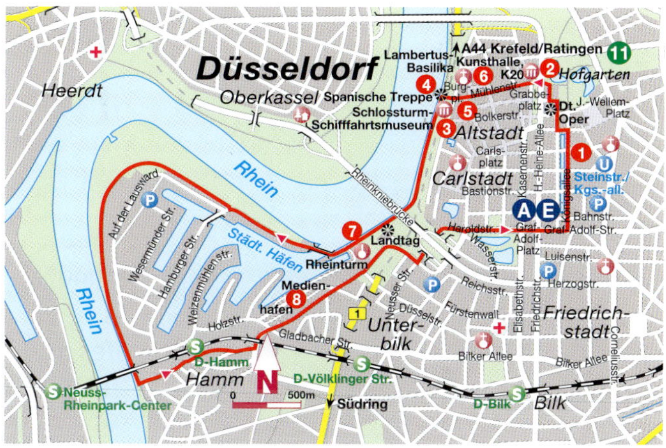

Die größte Kirmes am Rhein

Ob Adrenalin pur, klassische Losbude, Bierzelt oder kulinarische Köstlichkeiten rund um den Globus – die Düsseldorfer Sommerkirmes bietet für jeden Kirmesbegeisterten das Richtige. Diese kommen aus dem In- und Ausland angereist, um den Zauber dieser Veranstaltung zu erleben. Auf den Oberkassler Rheinwiesen mit Blick auf den Schlossturm und die Altstadt veranstaltet der St. Sebastianus Schützenverein Düsseldorf 1316 e.V. seit jeher dieses als größte Kirmes am Rhein bekannte Volksfest. Schon mehr als 100-mal trafen sich vor dieser einzigartigen Kulisse zwischen Oberkasseler- und Rheinkniebrücke Schausteller, um ihre neuesten oder traditionellen Fahrgeschäfte für die Besucher zu starten. Einer der Höhepunkte dieses mehr als eine Woche dauernden Spektakels ist das riesige Feuerwerk, das jedes Jahr erneut für Furore sorgt.

Wunderschön zum Spazierengehen – die Düsseldorfer Rheinpromenade

Herz von Liebhabern maritimer Lebensart höher schlagen lässt.

Mit Blick auf den Rhein Bei Sonne und warmen Temperaturen bekommt man auf »ihr« kaum noch einen Sitzplatz. Gemeint ist die auch als **»Spanische Treppe«** ❹ bekannte mehrstufige Sitzmöglichkeit aus Beton mit unverbaubarem Blick auf den Rhein und nach Oberkassel. Insbesondere jüngeres Publikum genießt hier das Flair der Rheinpromenade und abends den Sonnenuntergang. Am Burgplatz stellen wir die Fahrräder ab und unternehmen einen Spaziergang durch die Gassen der Altstadt.

Typisch Düsseldorf Wer ein typisches Düsseldorfer Alt trinken möchte, findet in der **Bolkerstraße** ❺, die mit Dutzenden Kneipen und Cafés das Herzstück der sogenannten »längsten Theke der Welt« darstellt, zahlreiche Möglichkeiten, die erfrischende

Schief, aber weltberühmt sind die »Gehry-Bauten« im Medienhafen.

obergärige Bierspezialität zapffrisch zu probieren. Ebenso stolz sind die Düsseldorfer auf ihre **Lambertus-Basilika** ❻, die seit 1394 das Rheinufer schmückt und mit ihrem schiefen Turm eines der Wahrzeichen der Stadt ist. Im Inneren von Sankt Lambertus befindet sich der Schrein mit Reliquien des Heiligen Apollinaris, der als Stadtpatron seit Hunderten von Jahren verehrt wird.

Der Fernsehturm ist von der Altstadt nicht weit entfernt und ermöglicht eine einzigartige Aussicht über Düsseldorf.

Zum Medienhafen Mit dem Fahrrad genießen wir auf der Rheinpromenade den Blick zum Rhein und bewegen uns flussaufwärts zum Medienhafen, vorbei am über 240 Meter hohen **Rheinturm** ❼ mit seiner Aussichtsplattform, dem sich drehenden Restaurant und der größten Dezimaluhr der Welt. Der ehemalige Rheinhafen konnte in den letzten Jahrzehnten einen enormen positiven Strukturwandel für sich verbuchen. Und das ist gut so. Der **Medienhafen** ❽ beherbergt nun Hunderte Unternehmen, insbesondere aus den Bereichen Mode, Medien und Architektur. Unverkennbar in ihrer wellenförmigen Asymmetrie sind die drei architektonisch und baulich einmaligen Wohn- und Bürogebäude des weltweit geschätzten Designarchitekten Frank O. Gehry am »Neuen Zollhof«. Besonders bei Dunkelheit ist die illuminierte Brücke »The Living Bridge« mit ihrem gläsernen Brückenhaus, das von einem Gastronomiebetrieb genutzt wird, eine Augenweide. Trendige Bars und Discos, exklusive Restaurants, urige Kneipen und ein großer Kinokomplex sind weitere stimmige Komponenten für einen erlebnisreichen Besuch in diesem charmanten Viertel der Rheinmetropole Düsseldorf.

Den Rhein entlang Der Weg führt uns zurück zum Rheinturm und dem Landtagsgebäude. Wir fahren über die Fußgänger- und Radfahrerbrücke den Rhein entlang zum öffentlichen Golfplatz »Auf der Lausward«. Das Schild »Erlebnisweg Rheinschiene« leitet uns Richtung Düsseldorf-Hamm. Kurz hinter der Eisenbahnbrücke biegen wir nach links in den Weg »Auf den Kuhlen« ab und fahren, den Medienhafen passierend, wieder zum Landtagsgebäude. Nach der Rheinbrücke geht es über die Haroldstraße zur Königsallee. Wir sind am Ziel.

Das japanische Düsseldorf

Lust, heute Abend einen außergewöhnlichen »Sushi«-Theaterabend im Kom(m)ödchen zu erleben, bei Kikaku zu essen oder im EKD-Haus eine Teezeremonie sinnlich zu erfahren? Nur zu. Dafür muss man nicht einmal den europäischen Kontinent verlassen. Klein-Japan gibt es auch in Düsseldorf, der nordrhein-westfälischen Landeshauptstadt am Rhein. Hier lebt, arbeitet und vergnügt sich eine der größten japanischen Gemeinden Europas inmitten rheinischer Frohnaturen, die als fünfte Jahreszeit den Karneval lobpreisen und an Aschermittwoch den Hoppeditz »beerdigen«. Eine Völker verbindende Partnerschaft, die sich nun seit etwa 50 Jahren bestens bewährt hat. Empfehlenswert für einen Besuch ist das seit 1993 bestehende EK?-Haus der japanischen Kultur im Stadtteil Niederkassel. Öffentlich zugänglich für alle Interessierten. Ein Ort der Begegnung, des Austauschs und des gelebten Buddhismus.

Weitere Infos unter www.eko-haus.de

12 Es grünt so grün

Mit öffentlichen Verkehrsmitteln zu den Grünanlagen Düsseldorfs

■ **Tourencharakter**
Tour mit dem ÖPNV und kurze Spaziergänge
■ **Ausgangs- und Endpunkt**
Südpark, Düsseldorf
■ **Anfahrt**
A 46, AS Düsseldorf-Wersten; ÖPNV: U-Bahn Provinzialplatz oder Kaiserslauterner Straße
■ **Streckenlänge**
Etwa 9 km einfache Strecke
■ **Markierung**
Keine
■ **Karte**
Stadtplan und ÖPNV-Plan Düsseldorf
■ **Einkehr**
»Meckenstocks«: Restaurant/Kneipe mit schönem Biergarten im Volksgarten/Südpark
■ **Information**
Düsseldorf Tourismus, Tel. 0211/17 20 28 44, www.duesseldorf-tourismus.de

Düsseldorf als Gartenstadt zu bezeichnen, ist für den Besucher auf den ersten Blick möglicherweise nicht direkt nachvollziehbar. Betrachtet man jedoch den Stadtplan, entdeckt man eine Vielzahl von Parkanlagen und Grünflächen, die für die Allgemeinheit zugänglich sind und den grünen Charme des ehemaligen »Dorfes an der Düssel« ausmachen.

Der Südpark bietet einiges Wir beginnen unsere »grüne« Entdeckungsreise im Südpark, der mit den U-Bahnlinien U74 oder U77 über die Haltestellen Provinzialplatz oder Kaiserslauterner Straße erreichbar ist. Mit 70 Hektar Gesamtfläche ist der Südpark der größte Düsseldorfer Park und aufgrund seiner landschaftsarchitektonischen Vielfalt eine der beliebtesten öffentlichen Grünflächen. Bei geeignetem Wetter wird zum Beispiel auf der Ballonwiese gekickt, anderswo gegrillt, gechillt oder in einem der Gastronomiebetriebe gespeist und getrunken. Man teilt diese auch manchmal liebevoll »Central Park« genannte Grünanlage in drei Abschnitte ein: Volksgarten, »In den Gärten« und »Vor dem Deich«. Der nördliche, im natürlichen Stil kreierte Volksgarten existiert schon seit Ende des 19. Jahrhunderts, und das sieht man

Düsseldorfs Grünanlagen sind oft Oasen der Ruhe und Rückzugsorte für Mensch und Tier.

Kunstmuseum K21

Künstler wie der Argentinier Tomas Saraceno und die Polin Monika Sosnowskas präsentierten in jüngster Zeit in der Kunstsammlung K21 im Ständehaus ihre Werke der Öffentlichkeit. Das Darbieten moderner Kunst hat sich das Museum auf die Fahne geschrieben.

Im Jahr 2002 öffnete das Ständehaus am Kaiserteich seine Türen für Kunstinteressierte. Wer das architektonisch reizvoll umgestaltete Gebäude aus dem 19. Jahrhundert betritt, wird von einer lichtdurchfluteten »Piazza« empfangen. Ein gläsernes Kuppeldach sorgt für hohe Luxzahlen. Mehrere Stockwerke bieten genügend Raum für wechselnde Ausstellungen, dabei trifft man auf Installationen, Skulpturen, Filmarbeiten und weitere Darstellungsformen der modernen Kunst. Öffnungszeiten: Di–Fr 10–18 Uhr, Sa, So, Fei 11–18 Uhr, Mo geschlossen

Infos unter www.kunstsammlung.de

ihm auch an. Wunderbar alter Baumbestand wechselt ab mit kleinen idyllischen Weihern, während geschwungene Wege alles miteinander auf harmonische Weise verbinden. Am westlichen Eingang zum Volksgarten stößt man unweigerlich auf das »Zeitfeld«, ein Kunstwerk mit 24 Uhren von Klaus Rinke. Im gesamten Südpark mit seinem etwa 30 Kilometer langen Wegenetz sind Skulpturen international bekannter Künstler verteilt. Die heute an den Volksgarten anschließenden Bereiche »In den Gärten« und »Vor dem Deich« bekamen ihre Gestalt im Zuge der Bundesgartenschau von 1987. »In den Gärten« gerät der Besucher, insbesondere der Blumenliebhaber, aufgrund einer Vielzahl von liebevoll angelegten Gärten ins Schwärmen. Wie wäre es mit einem kurzen Schnupperkurs durch den Rosen- oder Duftgarten oder mit einem Blick auf blühende Rhododendren? Den südlichsten Bereich »Vor dem Deich« charakterisiert ein großer ehemaliger Baggersee, dessen Umgebung heute ein Lebensraum für zahlreiche Pflanzen und Tiere ist.

Kunst am Park Deutlich kleiner ist dagegen der von Maximilian Weyhe geplante und 1819 fertiggestellte Park am Ständehaus. Nur sechs Hektar umfasst das grüne Kleinod in unmittelbarer Innenstadtlage. Mit den U-Bahnlinien U74 oder U77 ab den Haltestellen Provinzialplatz oder Kaiserslauterner Straße gelangen wir vom Südpark zum Hauptbahnhof. Dort steigen wir in die Straßenbahnlinien 704, 709 oder 719 und fahren bis zum Graf-Adolf-Platz. Von hier sind es nur noch wenige Meter über die Haroldstraße zum Schwanensee, der zum Park am Ständehaus gehört. Diese urbane Oase mit ihren zwei Weihern lädt zum Rasten ein oder verführt zu einem Besuch ins K21, der Kunstsammlung Nordrhein-Westfalen im Ständehaus (s. Tipp S. 57).

Historische Grabmäler Wieder über den Hauptbahnhof und weiter mit der U79 oder der U78 fahren wir ohne Staugefahr gemütlich bis zur Haltestelle Victoriaplatz/Kleverstraße, die sich unmittelbar am Golzheimer Friedhof befindet. Die historisch bedeutende Grünanlage steht seit 1982 unter Denkmalschutz und wird oft in einem Atemzug mit dem berühmten »Melaten-Friedhof« in Köln oder dem »Alten Friedhof« in Bonn genannt. Auf dem heute nur vier Hektar großen, ab 1805 genutzten und wenige Jahre später ebenfalls durch Maximilian Weyhe erweiterten und gestalteten Friedhof sind über 300 historische und künstlerisch wertvolle Grabmäler zu finden. Auf dem 1897 geschlossenen Friedhof, der heute durch die Klever Straße in einen südlichen und einen nördlichen Teil zerschnitten ist, fanden berühmte Persönlichkeiten ihre letzte Ruhe.

Der Golzheimer Friedhof mit seinen alten Grabstätten erzählt unzählige Geschichte vergangener Zeiten.

Japanische Gartenkunst Mit der schon lieb gewonnenen U79 erreichen wir in wenigen Minuten die Haltestelle Nordpark/Aquazoo. Der erste Blick fällt auf das Gebäude des Aquazoo-Löbbecke Museums, das auf jeden Fall einen Besuch wert ist und als eine der Hauptattraktionen der 36 Hektar umfassenden Grünanlage bezeichnet werden darf (siehe Tipp). Rechts davon breitet sich das 170 Meter lange Wasserbecken mit den seitlich angeordneten Wasserspielen und der abschließenden großen Fontäne mit Ballhaus aus. Links und rechts flankieren Skulpturen die Wasserachse des in den Dreißigerjahren eröffneten Parks. Eine weitere Besonderheit, der Japanische Garten, versteckt sich

Im Nordpark kann man viel Zeit verbringen. Die Wasserspiele sind nur eine Attraktion der Grünanlage.

im stillen, hinteren Eckchen der Anlage. Diese fernöstliche Idylle wurde 1975 für die Öffentlichkeit freigegeben und von da an schnell zu einem Publikumsmagneten bei der Düsseldorfer Gesellschaft. Dies hat sicher auch damit zu tun, dass in Düsseldorf eine der größten japanischen Gemeinden Europas existiert und lebt. Mit den bekannten U-Bahnlinien gelangt man zurück zum Südpark, sofern man dort seinen fahrbaren Untersatz abgestellt hat, der einen wieder zurück ins traute Heim bringen soll.

Aquazoo-Löbbecke Museum

Das Aquazoo-Löbbecke Museum im Nordpark zeigt in zahlreichen Schauräumen unterschiedlichste Lebensräume der Erde. Auf anschauliche und oft interaktive Weise erfährt der Besucher Interessantes über Otter, Lurche oder auch Schmetterlinge. Da wären beispielsweise das Korallenriff mit seiner Fauna und Flora oder die Wüste mit ihren an das extreme Klima angepassten Tieren. Daneben begeistern das Haibecken, die Tropenhalle mit einer Lufttemperatur von 25 °C und die Pinguinanlage Jung und Alt. Oder man staunt bei der Fütterung der Piranhas, die trotz reihenweise spitzer Zähne lange nicht so blutrünstig sind wie ihr Ruf. Öffnungszeiten: tägl. 10–18 Uhr. An einigen Feiertagen geschlossen.

Weitere Infos unter www.duesseldorf.de/aquazoo/

13 Auf und ab durch Wald und Flur

Eine Wanderung im Nordosten Düsseldorfs

■ **Tourencharakter**
Wanderung mit teilweise moderaten Steigungen
■ **Ausgangs- und Endpunkt**
Park & Ride-Parkplatz Ratinger Weg, Gerresheim
■ **Anfahrt**
A 3, AS Mettmann, B 7; Straßenbahnen 713, 709
■ **Streckenlänge**
Ca. 12 km
■ **Markierung**
A4, A2, A3
■ **Karten**
Stadtplan Düsseldorf; Kompass 1:50 000, Nr. 821, Karte 2
■ **Einkehr**
Restaurant »Zum Trotzkopf«, Rennbahn
■ **Information**
Düsseldorf Tourismus, Tel. 0211/17 20 28 44, www.duesseldorf-tourismus.de

Alte Buchenwälder, hügelige grüne Wiesen, ein bisschen Wild und etwas Galopp prägen die Wanderung durch das mehrere Hundert Hektar große Düsseldorfer Landschaftsschutzgebiet Aaper Wald, Grafenberger Wald und Gerresheimer Wald.

Entlang dem Golfplatz Wir schnüren unsere Wanderschuhe und beginnen die Tour am Park & Ride-Parkplatz in der Nähe des Gerresheimer Krankenhauses. Schnell ist die nächste Gabelung erreicht, und wir biegen nach rechts in den Kleineforstweg und folgen der Wanderwegmarkierung A4. Links begleitet uns der Pillebach mit dem dahinter liegenden Golfplatz. Dieser ist bestens in das Landschaftsschutzgebiet des Grafenberger und des Aaper Waldes eingebettet, wobei die ersten neun Löcher im Zentrum der Düsseldorfer Galopprennbahn auf Golfaspiranten warten. Wir passieren einen kleinen Bauernhof mit einigen frei umherlaufenden Tieren, und rechter Hand schweift der Blick über leicht hügeliges, teils bewaldetes Gelände mit Weiden oder Pferdekoppeln. Wir folgen weiterhin der Markierung A4 durch einen Waldbereich mit altem Baumbestand. Vereinzelte tümpelartige Gewässer lockern die Szenerie auf. An der nächsten Gabelung schwenken wir

Viel Platz zum Laufen, Spielen und Entspannen. Stundenlang können Besucher hier die Natur genießen.

Das Düsseldorfer Forstrevier Mitte

Die Wanderung führt durch Teile des Aaper Waldes, des Grafenberger Waldes und des Gerresheimer Waldes. Diese drei Gebiete gehören zum Forstrevier Mitte, das von Wanderwegen mit einer Gesamtlänge von über 50 km durchzogen wird. Neben dem Waldspielplatz auf der beschriebenen Tour existieren hier noch 13 weitere familienfreundliche »Austobeflächen«. Außer den im Wildpark lebenden Tieren sind im waldreichen, über 600 ha großen Bereich noch etliche andere Geschöpfe unterwegs. Besonders während der Dämmerung kann man auf einer Pirsch durch den Forst die federleichten und flinken Fledermäuse aufspüren. Ohne einen Fachmann an der Seite ist es allerdings fast unmöglich, Arten wie die Zwergfledermaus oder den Abendsegler voneinander zu unterscheiden.

nach rechts, hier kann man sich an einer Infotafel mit Landkarte über den aktuellen Standort und die weitere Strecke informieren.

Meditative Hügellandschaft Wir gelangen in offenes, hügeliges Gelände mit weiten Wiesen, die von Ausflüglern gern für eine kleine Rast oder ein Picknick genutzt werden. Man genießt die beruhigende Landschaft und die Ruhe vom geschäftigen Alltag nur wenige Kilometer von der mondänen Metropole Düsseldorf entfernt. Links nehmen wir den recht steil über Wurzelwerk ansteigenden

Die Seele baumeln lassen! Im Düsseldorfer Norden ist das kein Problem.

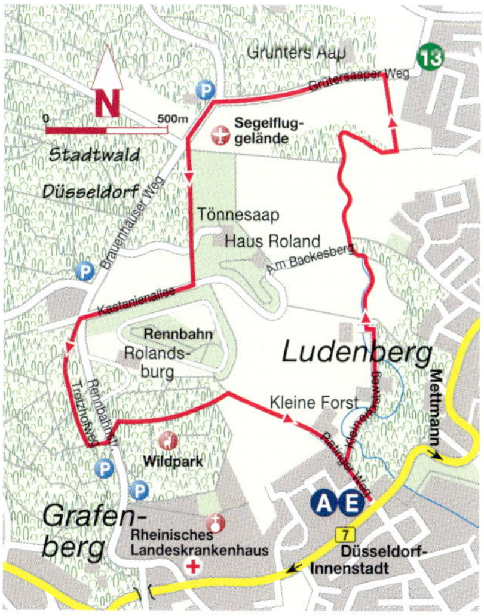

Es lohnt sich ein Blick hinter die Kulissen der Düsseldorfer Pferderennbahn.

Gerresheim

Der Stadtteil Gerresheim gilt als angenehme, beliebte und teils vornehme Wohngegend. Die weitläufigen Waldgebiete mit ihren Freizeitmöglichkeiten spielen dabei ganz sicher eine entscheidende Rolle. Ein Gang durch die Gassen des historischen Stadtkerns, der in weiten Teilen aus einer Fußgängerzone besteht, lohnt sich durchaus, zumal mindestens eine vorzügliche Eisdiele und mehrere gemütliche Restaurants und Kneipen am Wegesrand liegen. Besonders im Viertel »Alt-Gerresheim« rund um die katholische Basilika St. Margareta erstrahlen einige Straßenzüge in herrschaftlicher Pracht. Schön restaurierte Bürgerhäuser im Jugendstil sind keine Seltenheit. Nicht ganz so edel wohnte beziehungsweise wohnt man in den ehemaligen Werkswohnungen der Gerresheimer Glashütte, die vor etlichen Jahren stillgelegt wurde.

Waldweg mit dem Kennzeichen A2, einige Meter später findet man auch die A4-Kennzeichnung wieder. Auf der Anhöhe angekommen, halten wir uns rechts und steuern auf eine Baumreihe zu, hinter der sich der Grütersaaper Weg versteckt. Die Strecke führt nun nach links und eröffnet bei einer Höhe von etwa 112 Metern über Normalnull eine wunderbare Aussicht über die Gegend. Hier befindet sich auch der nicht zu jeder Zeit genutzte Segelflugplatz. Den Blick in die Ferne gerichtet, absolvieren wir ein großes Halbrund, bis wir auf einen Waldspielplatz und eine Ozon-Messstation stoßen. Am Rande des Waldes treffen einige Wanderwege aufeinander. Wer sich orientieren möchte, findet eine gute Übersichtskarte mit allen Wanderwegen der näheren Umgebung. Wir folgen der bekannten A4-Kennung durch den Wald, leicht abwärts in Richtung Rennbahn-Gelände. Nach einigen Hundert Metern endet der Wald und nach wenigen Minuten trifft man auf die Kastanienallee mit ihrem namensgebenden Baumbestand. Es lohnen sich ein kurzes Innehalten und der Blick auf die reizvolle Anlage der Düsseldorfer Pferderennbahn mit ihrem Tribünenensemble.

Baudenkmäler und flotte Jockeys Die wunderbar in die Landschaft integrierte Galoppanlage öffnete ihre Tore für die Öffentlichkeit im Jahr 1909. Rennpferde und Jockeys stehen seitdem im sportlichen Wettkampf auf einer Strecke, die aufgrund des Höhenunterschiedes sehr anspruchsvoll ist. Sehenswert sind vor allem die unter Denkmalschutz stehenden Gebäude. Dazu gehören die 1913 erbaute prachtvolle Waage und das alte Wettgebäude von 1914.

Tierisches Vergnügen Nun spazieren wir nach rechts auf einer asphaltierten flachen Wegstrecke in Richtung Rennbahnstraße, überqueren diese, lassen das Café und Restaurant »Zum Trotzkopf« rechts liegen oder gönnen uns dort eine Erfrischung. Die Trotzhofallee führt weiter durch den Wald, und nach einigen Hundert Metern folgen wir nach rechts der Wegmarkierung A3, überqueren wiederum die Rennbahnstraße und folgen der Beschilderung geradeaus zum Wildpark, der kostenfrei zu erkunden ist. Durch das sogenannte Rennbahntor betritt man das etwa 40 Hektar große Gehege mit seinen rund 100 Tieren. Hier kann man in Ruhe umherwandeln, Rothirsche, Damwild, Muffelwild oder Wildschweine hautnah beobachten oder einfach auf einer Ruhebank entspannen und die eventuell scheinende Sonne genießen. Einige im Park verstreute Informationstafeln stillen den Wissenshunger über die Vögel des Waldes, über Höhlenbauer und Nachmieter oder über einheimische Fledermäuse.

Durch das Gerresheimer Tor verlassen wir den Wildpark und gelangen über den nach rechts abbiegenden Ratinger Weg immer geradeaus zum Ausgangspunkt.

Familienfreundlich zeigt sich der Wildpark mit seinen zahlreichen Tieren, die oft ganz aus der Nähe zu beobachten sind.

14 Zurück in die Eiszeit

Eine Wanderung durch das Neandertal

■ Tourencharakter
Wanderung mit teilweise kräftigen Steigungen
■ Ausgangs- und Endpunkt
Parkplatz des Seniorenheims Neandertal
■ Anfahrt
A 46, AS Haan-West; ÖPNV: S-Bahn Neandertal
■ Streckenlänge
Ca. 7 km
■ Markierung
Siehe Text
■ Karte
Kompass 1:50 000, Nr. 821, Karte 2
■ Einkehr
Café im Neanderthal Museum
■ Information
Tourist-Information Mettmann und Neandertal, Tel. 02104/236 91, www.mettmann.net

Wisente, Tarpane und Auerochsen, der Neandertaler, ein preisgekröntes Museum der Spitzenklasse und eine abwechslungsreiche Naturlandschaft machen einen Ausflug ins Neandertal zu einem herrlichen Erlebnis durch die Vergangenheit und Gegenwart der Menschheit. Hochkarätige Künstler aus ganz Europa hinterlassen mit ihren »MenschenSpuren« ebenfalls einen bleibenden Eindruck.

Das Neandertal ist auch aufgrund der vielfältigen Wandermöglichkeiten ein beliebtes Ziel für Groß und Klein. Dank des großen Freizeitangebotes mit Museum und Wildpark kommt hier garantiert keine Langeweile auf.

Den Bach entlang zum Museum Los geht es am Parkplatz des Seniorenheims Neandertal. Dieser Startpunkt ist eine gute Alternative zum Parkplatz direkt am Museum, da dieser gerade am Wochenende oft überfüllt und außerdem kostenpflichtig ist. Der zu Beginn asphaltierte Weg führt ein kurzes Stück vorbei am Senio-

Wisente sind beeindruckende Tiere.

Neanderthal Museum

Multimediale Objekte, Forscherboxen und reichlich Anschauungsmaterial sind auf die vier Ebenen des Museums verteilt. Vom Eingang des architektonisch reizvoll konstruierten Museums mit seinem Museumsshop wandelt der Besucher über stufenlose, aufsteigende Rampen durch die Zeit. Den Beginn macht eine Einführung rund um das Neandertal mit der Entdeckung des weltberühmten Skeletts. Nun geht es spannend durch die Jahrtausende der Menschheitsgeschichte. Hautnah und im wahrsten Sinne des Wortes begreifbar durch liebevoll gestaltete Stationen gelangt man im Gebäude auf der Zeitachse weiter nach oben Richtung Gegenwart. Auch aktuelle Themen wie »Kommunikation und Gesellschaft« findet man auf der Museumstour. Zum Abschluss locken kleine Speisen und leckere Getränke im Museumscafé. Bei schönem Wetter ist die Dachterrasse geöffnet.

Infos unter www.neanderthal.de

renheim in den Wald hinein. Die leicht ansteigende Strecke führt nach rechts, und einige Dutzend Meter später folgt man dem Schild »Wanderweg« nach rechts. Man gelangt auf einen Waldweg, der kurz leicht abwärts verläuft, dann wieder ansteigt und unter der Straße »Südring« hindurchführt. Wir befinden uns nun auf dem Wanderweg A1, dessen Markierung wir bis zum Neanderthal Museum folgen. Der auch bei strahlend blauem Himmel und üppigem Sonnenschein schattige Weg schlängelt sich bergauf und bergab links des Mettmanner Bachs entlang und gewährt immer wieder schöne Ausblicke in die Auenlandschaft. Das Bachbett gehört hier auf ganzer Länge bis zum Museum zu einem Überflutungsbereich mit mehreren Rückhaltebecken. Etliche Hinweisschilder des Rheinischen

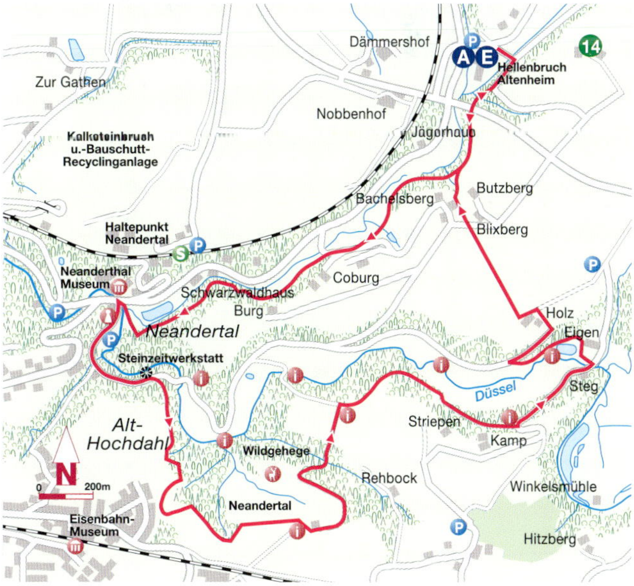

Wasserverbandes weisen darauf hin. Am Wegesrand sorgen mit Moos bewachsene, umgestürzte Bäume, verschiedenste kleine Felsformationen und Laubbäume unterschiedlichster Couleur für visuelle Abwechslung. Vorbei an einem Minigolfplatz biegen wir nun nach rechts ab und sehen in kurzer Entfernung schon das Neanderthal Museum.

Der Neandertaler Unweit des Museums öffnet sich ein größeres Freigelände mit der Inszenierung der Fundstelle des Neandertalers. Einfach der Beschilderung vom Museum aus folgen und sich treiben lassen. Am Landschaftsrelikt aus alten Zeiten, dem Rabenstein, folgt man der Zeitachse der Menschheitsgeschichte und erblickt beispielsweise die Silhouette des Neandertalers. Zurück am Museum beginnt nun der zweite Teil der Wanderung. Wir folgen dem Weg am Parkplatz und gehen am Restaurant Neanderstuben vorbei auf dem mit A1 gekennzeichneten Weg Richtung Wildgehege und Steinzeitwerkstatt.

Auf den Spuren des Neandertalers

Kunst im Wald Der Laubmischwald offenbart, wie schon auf der gesamten Route, seinen Reichtum an unterschiedlichsten Gehölzen. Auf einer Infotafel erfährt der Wanderer Interessantes zum Thema »Artenvielfalt im Laubmischwald« und kann das neu erworbene Wissen umsetzen und mit etwas Glück Waldveilchen, Ährige Teufelskralle oder den Buntspecht entdecken. Hier am Anfang unserer Strecke, zwischen Düssel und Mettmanner Bach, stößt man immer wieder auf »MenschenSpuren«, die zum gleichnamigen, auf 1200 Meter Länge angelegten Kunstweg gehören. Eine dieser »Spuren« findet sich gleich rechts des Weges. Ein riesiger silberner Pfeil und ein übergroßes Gehirn ziehen die Aufmerksamkeit der Vorübergehenden auf sich. Für die Platzierung ihrer Arbeit MEMORIA MUNDI haben die Künstler Anne und Patrick Poirier einen ehemaligen Steinbruch auserwählt. Und sich einiges dabei gedacht.

Wilde Tiere ganz nah Nach weiteren anthropogenen metallischen Kunstwerken in Tierform biegen wir kurz vor der Steinzeitwerkstatt nach rechts ab und folgen der Beschilderung A1 und dem »Rundweg Wildgehege« den Berg rechts steil hinauf durch den Wald. Wir queren eine kleine Brücke, passieren einen Bienenlehrpfad, bis der Wald erst rechtsseitig, dann auch linksseitig endet. Nun befinden wir uns unmittelbar am Zaun des 23 Hektar großen eiszeitlichen Wildgeheges. Als Nächstes trifft man auf den Wisentstall und das Wildbienenhaus. Doch keine Angst: Laut Informationstafel sind Wildbienen sehr friedlich, und es besteht keine Gefahr. Nach einem weiten Schwenk nach links laufen wir bergab durch den Wald zum Rehbockbach, über den eine Holzbrücke führt. Anschließend führt der Weg direkt wieder über Stufen steil bergauf aus dem Wald heraus. Oben auf der Ebene angelangt, zeigen sich je nach Jahreszeit einige Auerochsen. An der nächsten Gabelung nach rechts abbiegen und der Markierung A1 folgen. Der Weg wird nun deutlich schmaler. An der folgenden Gabelung geht es nach rechts. A1 ist die aktuelle Markierung.

Schuhe kannte man zur Zeit des Neandertalers noch nicht.

Die Düssel zeigt den Weg Wir treffen auf die Düssel und einige Wohnhäuser. Unmittelbar nach einer kleinen Brücke schwenken wir nach links und achten auf die neue Wegkennzeichnung X30 oder A5. Es folgt ein äußerst idyllischer Streckenabschnitt. Dann nach rechts abbiegen und dem Zeichen A5 folgen, bis man links auf eine Treppe trifft. Wir bleiben auf dem Weg A5/A2 entlang privater Gärten und einiger Felder. Nach der Überquerung einer kleinen Straße geht es geradeaus in einen schmalen Weg – Kennzeichnung A2. Die nächste Möglichkeit führt uns nach rechts, A4 folgend. Nun befinden wir uns wieder am Mettmanner Bach, gelangen kurze Zeit später auf den bekannten A1-Weg und gehen zurück bis zum Startpunkt.

Eiszeitliches Wildgehege

Dieses im Jahr 1935 vom »Naturschutzverein Neandertal« errichtete Ausflugsziel beherbergt Tiere, die während der Eiszeit zeitgleich mit den Neandertalern genau in dieser Region gelebt haben. Deshalb spricht man vom eiszeitlichen Wildgehege. Hier leben Tarpane, Wisente und Auerochsen. Ursprünglich war der Tarpan ein eurasisches Wildpferd, das jedoch ausgestorben ist. Der heutige und hier zu beobachtende mausgraue Tarpan ist eine Rückzüchtung mit dem Versuch, die Eigenschaften des ehemaligen Steppenpferdes zu erhalten. Im Gegensatz dazu war der Wisent, das größte Europäische Landsäugetier, niemals ausgerottet. Im Gehege leben heute vier dieser auch als Europäischer Bison bekannten Tiere. Doch wundern Sie sich nicht, sollten Sie auf der Wanderung mal keine Tiere entdecken. Das Gehege ist so großzügig konzipiert, dass alle Tiere sich den Blicken der Menschen entziehen können.

Infos unter www.wildgehege-neandertal.de

15 Am Ufer des Rheins

Eine Radtour von Kaiserswerth nach Krefeld

■ **Tourencharakter**
Fahrradtour ohne wesentliche Steigungen
■ **Ausgangs- und Endpunkt**
Kaiserswerth/Düsseldorf
■ **Anfahrt**
A 44, AS Düsseldorf-Stockum
■ **Streckenlänge**
Ca. 20 km
■ **Markierung** Keine
■ **Karte**
Kompass 1:50 000, Nr. 821, Karte 1
■ **Einkehr**
Kaiserswerth, Restaurant-Biergarten »Burghof«
■ **Information**
Düsseldorf Tourismus, Tel. 0211/17 20 28 44, www.duesseldorf-tourismus.de; Tourist-Information Krefeld, Tel. 02151/86 15 15, www.krefeld.de

Im überschaubaren Kaiserswerth am Rhein geht es geruhsam zu. Der im Norden gelegene Stadtteil von Düsseldorf ist aufgrund seiner idyllischen Lage und dem romantischen Flair ein beliebtes Ausflugsziel. Vorzügliche Gastronomie und herrlich gelegene Biergärten sorgen zusätzlich dafür, dass kaum Wünsche offen bleiben.

Startpunkt: Romantisches Kaiserswerth Schon um 700 nach Christus schätzte man wahrscheinlich die wunderbare Lage direkt am Rhein. Auf der Rheininsel Werth gründete zu dieser Zeit der Benediktiner Suitbertus ein Kloster. Im Laufe der Jahrhunderte wurde die Insel dann zum Festland, und die kleine Klosterkirche wuchs seit dem 11. Jahrhundert zu einer stattlichen Pfeilerbasilika heran. In einem Schrein werden dort die Gebeine des heiligen Suitbertus aufbewahrt. Im 12. Jahrhundert erbaute der staufische Kaiser Friedrich Barbarossa auf Werth seine Kaiserpfalz. Der Name »Kaiserswerth« war geboren. Der älteste Düsseldorfer Stadtteil gehört heute zu den »gehobenen Wohnadressen« der Landeshauptstadt. Die Ruinen der Kaiserpfalz sind von Mai bis Oktober zu besichtigen, auf eigene Faust oder im Rahmen einer Führung. Genutzt wird der atmosphärische Ort das Jahr über für Konzerte der Düsseldorfer Jazz Rallye, für Lesungen und andere besuchenswerte Veranstaltungen. In direkter Nachbarschaft zum Baudenkmal lockt ein großer Biergarten mit Rheinblick Ausflügler und Bewohner an.

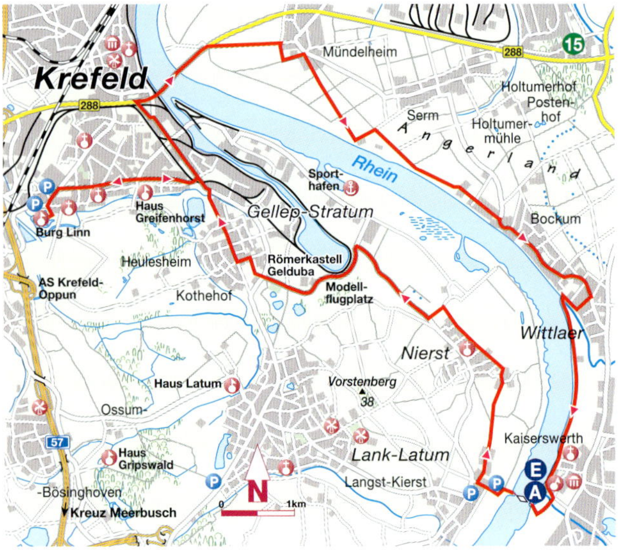

Der Krefelder Hafen Mit der Fähre und dem Fahrrad im Schlepptau überqueren wir den Rhein hinüber nach Langst-Kierst. Auf dem Hauptweg »Zur Rheinfähre«, vorbei an Hotel und

Ein beeindruckendes Bauwerk mit Blick auf den Rhein: die Pfalz in Kaiserswerth

Restaurant, biegen wir nach einigen Hundert Metern nach rechts in den Weg »Am Rheinblick« ein. Wir passieren eine Villensiedlung und sind dann in ländlichen Gefilden. Eine ganze Weile radeln wir der geraden Strecke folgend nach Nierst, einem kleinen Ortsteil von Meerbusch mit gut 1000 Einwohnern. »Am oberen Feld« fahren wir weiter bis zur Werthallee und halten uns links. Nach kurzer Zeit bewegen wir unsere Drahtesel nach rechts auf die Stratumer Straße. Einige Hundert Meter verläuft der Radweg nun geradeaus, bis man das Wendebecken des Krefelder Hafens erblickt, das zu einem der insgesamt drei Hafenbecken gehört. Der viertgrößte, öffentliche Binnenhafen in Nordrhein-Westfalen strahlt aufgrund seiner teils alten Gebäude hier und da noch den Charme vergangener Industriekultur aus. Weiter geht es nach links auf den Heidbergsweg in Richtung Gellep-Stratum, dem südlichsten Stadtteil Krefelds. Der heutige Ort mit knapp 3000 Einwohnern entwickelte sich aus zwei ehemaligen Siedlungen. Auf der einen Seite stand das römische, im 1. Jahrhundert errichtete Kastell Gelduba nahe dem gleichnamigen ubischen Dorf, auf der anderen Seite entwickelte sich Stratum

Kunst und Animalisches in Krefeld

Auf der Radtour streifen wir nur einen kleinen Teil Krefelds mit seinen etwa 250 000 Einwohnern, das 1373 zur Stadt geadelt wurde. Es gibt weit mehr als den Hafen und die Burg Linn zu entdecken. Für Kulturinteressierte aus nah und fern sind das Museum Haus Lange sowie das Museum Haus Esters immer wieder spannende Anlaufstellen, um neue Aspekte der Kunst des 20. und 21. Jahrhunderts kennenzulernen. Ausstellungen internationaler Künstler wie Yves Klein, Lucio Fontana oder Mike Kelley begründen das weltweite Renommee dieser Museen. Deutlich profaner, aber für Tierliebhaber ebenso anziehend, zeigt sich der Krefelder Zoo mit seinem teils exotischen Tierbestand. Ein Highlight des Parks ist das Regenwaldhaus.

Infos unter www.zookrefeld.de und www.kunstmuseenkrefeld.de

Der Rhein

Mächtig und romantisch fließt er dahin, überwindet Ländergrenzen scheinbar mühelos und wird seit Jahrhunderten in Liedern und Gedichten verehrt, aber auch gefürchtet. Die Rede ist vom Rhein. Mit einer Länge von etwa 1230 km, auch wenn der wasserreichste Fluss Deutschlands in manchen Nachschlagewerken fälschlicherweise auf 1320 km angewachsen ist, gilt er als eine der wichtigsten Wasserstraßen Europas, gar der Welt. Im Schweizer Kanton Graubünden erscheint der Rhein erstmals auf der irdischen »Bühne« und fließt in seinem Bett, mal natürlich, mal begradigt, über Felsstufen, durch den Bodensee, bis er bei Bonn zum Niederrhein wird und das »Rheinland« prägt. Die Niederlande sind seine letzte Station, bevor er im Rhein-Maas-Delta in die Nordsee mündet.

aus einer frühmittelalterlichen Siedlung. Funde dieser unterschiedlichen Perioden sind im Museumszentrum Burg Linn ganz in der Nähe ausgestellt. Sobald wir im Ortszentrum auf die Düsseldorfer Straße gelangen, lotsen wir die Räder nach rechts. Nach ein paar Kilometern geradeaus, an Industrieanlagen des Hafens vorbei, trifft man auf die Brücke an der Floßstraße, die uns wieder auf die andere Seite des Rheins bringt.

Ein Abstecher zur Burg Linn Wer Lust und Zeit mitbringt, kann zwischendurch von der Düsseldorfer Straße nach links auf die George-C.-Marshall-Straße wechseln und über die Hafenstraße

Ohne große Steigungen geht es per Rad nach Krefeld.

Für Burg Linn sollte man sich Zeit nehmen, um mehr über den Niederrhein zu erfahren.

zum ganzjährig geöffneten Museumszentrum Burg Linn auf der Rheinbabenstraße 85 gelangen. Eine Beschilderung ist vorhanden. Die Burg Linn mit der Vorburg und den Wassergräben zählt zu den ältesten mittelalterlichen Burganlagen des Niederrheins. Das dort untergebrachte Niederrheinische Landschaftsmuseum bringt Licht in die frühe Geschichte und Entwicklung des Niederrheins und der Stadt Krefeld.

Es geht rheinaufwärts Auf der rechtsrheinischen Seite angekommen, steuern wir unsere umweltfreundlichen Fortbewegungsmittel über die Krefelder Straße, bis man nach rechts in den Dammhausweg einbiegen kann, der zur kleinen im Rheinbogen liegenden Ortschaft Mündelheim führt. Das ehemalige Fischerdorf gehört seit 1929 zu Duisburg. Über die Kegelstraße und den Rheinfeldsweg erreicht man den Rheinheimer Weg, dessen Verlauf wir nach rechts folgen. Am Sportplatz des TuS Mündelheim vorbei nähern wir uns mit kräftigen Pedaltritten langsam wieder Kaiserswerth. Direkt am Rhein folgen wir dem Dionysiusweg nach links, um wenig später in den Weg »Am Hasselberg« zu gelangen. Wir fahren diese Strecke immer weiter Richtung Süden, bis wir auf der Bockumer Straße in Bockum landen. Dann achten wir auf die nach rechts abbiegende Kalkstraße, erreichen den Rheinuferweg, und über den Leinpfad unmittelbar am Rhein strampeln wir an Haus Werth, einer ehemaligen Treidelstation aus dem 18. Jahrhundert, vorbei nach Kaiserswerth. Nach der Tour kann man sich bei schönem Wetter im Kaiserswerther Freibad erfrischen und die Eindrücke Revue passieren lassen.

Nachfolgende Doppelseite:
In der Ferne zeigt sich Kleve mit seinen sehenswerten historischen Gebäuden.

Nördliches Rheinland

16 Heidelandschaft am Niederrhein

Wanderung durch den Elmpter Schwalmbruch und ein Besuch in Brüggen

■ Tourencharakter
Wanderung ohne Steigungen und kurzer Stadtrundgang
■ Ausgangs- und Endpunkt
Wanderparkplatz bei Overhetfeld/Brüggen
■ Anfahrt
A 52, AS Elmpt
■ Streckenlänge
Wanderung ca. 7,5 km
■ Markierung
Blau und rot
■ Karte
Kompass 1:50 000, Nr. 755
■ Einkehr
Restaurant und Eiscafé direkt an der Burg Brüggen
■ Information
Tourist-Information Brüggen, Tel. 02163/57 01 47 11, www.brueggen.de

Kleine Seen und Moore, Wacholderheide und eine Vielzahl an seltenen Tieren und Pflanzen sind charakteristisch für das 55 Hektar große Naturschutz- und Naturerlebnisgebiet »Elmpter Schwalmbruch«. Verschieden lange Wanderwege, die untereinander kombinierbar sind, erschließen das Gebiet. Einen Hauch von mittelalterlichem Leben vermittelt im Gegensatz dazu das nahe Brüggen mit seinen verwinkelten Gassen und der imposanten Burg.

Dem Ruf des Kuckucks folgend Der Startpunkt ist ein Parkplatz bei Overhetfeld in der Nähe des Weilers »In gen Rae«. Eine dortige Informationstafel zeigt eine Übersicht über die drei hier vorhandenen Wanderwege. Dabei handelt es sich um den roten, den blauen und den grünen Rundwanderweg. Wir entscheiden uns für die Kombination roter und blauer Weg und gehen links am Parkplatz vorbei Richtung »In gen Rae«. Nach einigen Hundert Metern, am ersten Haus, biegen wir nach rechts ab, folgen der Ausschilderung »Aussichtsturm Wacholderheide«, durchqueren den Weiler und gelangen nun auf den mit roten Markierungen gekennzeichneten Waldweg mit angrenzenden Weiden und Feldern. Durch den Kiefernwald, begleitet vom Rufen des Kuckucks, geht es auf flachem Terrain Richtung Westen. Immer wieder kreuzen Reitwege die recht gerade verlaufende Strecke. Beim Treffpunkt der Wanderwege Blau und Rot und dem Richtungsweiser nach rechts zum Aussichtspunkt wandern wir geradeaus und befinden uns nun auf dem blauen Rundwanderweg. Die Landschaft öffnet sich, man erkennt die erste Heidevegetation und kleine Baumgruppen mit Birken. An der nächsten Gabelung halten wir uns rechts, folgen der blauen Kennzeichnung bis zur nächsten Wegkreuzung mit einer erneuten Infotafel. Wir schlagen den Pfad nach rechts ein und erreichen nach wenigen Hundert Me-

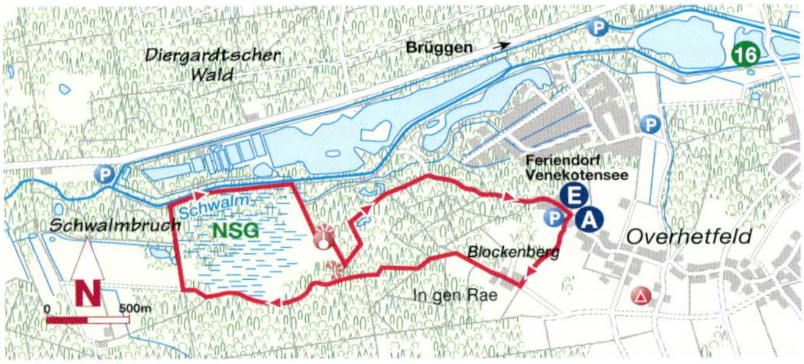

tern einen nach links abbiegenden hölzernen Bohlenweg, der über ein wunderschönes Moorgewässer führt.

Es quakt und surrt – Natur pur im Moor. Auch das ist der Niederrhein.

Ab ins Moor Hier sollte man etwas verweilen, die Ruhe genießen und dem Quaken des Teichfrosches lauschen, der sich gern zwischen Gagelsträuchern, die früher in Nordwesteuropa zum Bierbrauen genutzt wurden, Pfeifengras, Kleinseggen und Schilf versteckt. Neben Torfmoosen und Glockenheide findet der Pflanzenliebhaber Vertreter des Wassernabels, des Laichkrautes und des fleischfressenden Sonnentaus. Außerdem tummeln sich in dieser kleinflächigen Idylle Stockenten und Zwergtaucher, und mit etwas Glück erblickt man Teichmolche, deren Männchen während der Paarungszeit an rundlichen, dunklen Punkten zu spezifizieren sind. Am Ende führt der Bohlenweg wieder auf den Hauptweg. Die blaue Kennzeichnung führt uns nach einer schnurgeraden Strecke nach rechts in den Wald. Einen Seitenarm der renaturierten Schwalm entlang wandert man im Auengebiet vorbei an Schwarzer-

Heidelandschaften

Man kennt diesen Landschaftstyp vor allem aus Norddeutschland. Von der Lüneburger Heide in Niedersachsen hat wohl jeder schon gehört. Doch im Rheinland ist die Heidelandschaft eher selten anzutreffen, und wenn, dann auf kleinräumigem Terrain wie hier im Elmpter Schwalmbruch. Die typische Heidevegetation, die meist auf nährstoffarmen Sandböden gedeiht, besteht aus der immergrünen Calluna-Heide. Oft sind diese empfindlichen Biotope in Mitteleuropa anthropogen überformt, also durch den Menschen gestaltet, und stehen unter besonderem Schutz. Damit diese Zwergstrauchgebiete nicht verholzen, muss man die Flächen beweiden oder auf andere Weise von aufkommendem Baumbestand freihalten. Auf natürliche Heideformationen trifft man beispielsweise im Bereich der Waldgrenze im Hochgebirge.

Vom Aussichtsturm hat man den besten Panoramablick über die Heidelandschaft.

len und Moorbirken. Während sich die Heideabschnitte etwa sechs Meter über dem mittleren Grundwasserspiegel befinden, liegt das Auengebiet einige Meter tiefer. Wir nutzen die nächste Möglichkeit, um nach rechts abzubiegen, genießen noch ein kurzes Stück den Wald und gelangen dann auf freies Heidegelände und zum Aussichtsturm.

Die Weite genießen

Blick über die Heide Von der sieben Meter hohen Holzkonstruktion hat man einen exzellenten Blick über die Wacholderheide. Vor nicht allzu langer Zeit fand sich hier dichter Waldbestand. Man entschloss sich jedoch, den Elmpter Bruch wieder in eine offene Landschaft, eine Heidelandschaft, zu überführen. Es wurden Bäume gefällt, die Humusschicht entfernt und zur Pflege der Heidevegetation Moorschnucken eingesetzt. Diese vom Aussterben bedrohte Schafrasse verhindert durch die Beweidung das Nachwachsen von Birken und Kiefern. Einige Meter vom Aussichtsturm entfernt, treffen wir wieder auf den roten Rundwanderweg und folgen diesem nach links. Die Strecke schlängelt sich zuerst noch durch teils offenes Gelände, um dann wieder mehr oder weniger gerade durch einen Mischwald mit Eichen, Eschen und Kiefern zum Parkplatz, dem Ausgangspunkt, zu führen.

Ins beschauliche Brüggen Nun geht es mit dem Auto ins wenige Kilometer entfernte Brüggen. Der kleine Ort am linken Niederrhein bezaubert durch sein besonderes Flair und eignet sich nach der Wanderung durch den Elmpter Schwalmbruch hervorragend für eine Erholungspause und einen kurzen Bummel auf den Spuren des Mittelalters. Im Zentrum des Besucherinteresses steht die den Ort dominierende, im Jahr 1289 erstmals erwähnte Burg Brüggen. In diesem historischen Kleinod sind heute ein Jagd- und Naturkundemuseum sowie die Tourist-Information untergebracht. Im Außenbereich mit seiner großen Wiese lässt es sich bei Sonnenschein auf einigen fest installierten Liegen ausgezeichnet entspannen. Weitere Sehenswürdigkeiten des mit einer Fußgängerzone ausgestatteten Städtchens sind die katholische Pfarrkirche St. Peter und das ehemalige Kreuzherrenkloster mit der 1479 erbauten St.-Nikolaus-Kirche und der dortigen Barockorgel.

Natur- und Tierpark Brüggen

Wer studiert nicht gern die Grimassen und Gesichtszüge unserer Verwandten – der Affen? Wer möchte nicht beim geselligen Treiben der Erdmännchen zuschauen? Im Natur- und Tierpark Brüggen kann man damit Stunden verbringen. Vom eher kleinen Totenkopfäffchen, das sich von Früchten ernährt, bis zum ausgewachsenen afrikanischen Watussi-Rind zeigt der Park die Vielfalt der artenreichen Tierwelt. Etwa 130 Spezies der weltweiten Fauna können hautnah erlebt und teilweise gefüttert und gestreichelt werden. Ein großer, von Bäumen umgebener Spielplatz mit einem »versunkenen Schiff« und einem reparaturbedürftigen Flugzeug sorgt zwischendurch bei den Kids für ausgelassene Stimmung. Ein Minigolfplatz und eine Trampolinanlage ergänzen das tolle Ausflugsangebot für die ganze Familie.

Infos unter www.natur-und-tierpark-brueggen.de

Bei einem kühlen Getränk in Brüggen lässt man das auf der Wanderung Erlebte genüsslich Revue passieren.

17 Zu Wasser und zu Land

Kanufahrt und Radtour auf und entlang der Niers

Tourencharakter
Leichte Paddel- und Radtour
Ausgangs- und Endpunkt
Grefrath
Anfahrt
A 40, AS Wankum, A 61, AS Süchteln
Streckenlänge
9 km Kanutour, 11 km Radtour
Markierung
Radweg: Niederrhein-Route, Niers-Radwanderweg
Karte
Kompass 1:50 000, Nr. 752
Einkehr
In Wachtendonk im »Pulverturm«
Information
Boots- und Fahrradverleihstation: Bako-Tours, 41748 Viersen, Tel. 02162/35 04 16, www.bakotours.de

Man spürt die Ruhe, die die Weite und offene Landschaft des Niederrheins verbreitet. Es geht gelassen zu in dieser Region. Kleine Städte, winzige Weiler und ein freier Blick zum Horizont machen den Reiz der Landschaft rund um Grefrath und Wachtendonk aus. Ein noch intensiveres Naturerlebnis »erpaddelt« man sich bei einer Tour auf der langsam dahinfließenden Niers.

Ein für Jung und Alt ohne Schwierigkeiten zu meisterndes Bootsabenteuer startet an der Langendonker Mühle etwas außerhalb von Grefrath. Ein herrliches Fleckchen Erde und eine ruhige Niers, die für einen gemütlichen Ausflug auf dem Wasser zur Verfügung steht. Rund um die Niers gibt es zahlreiche Bootsverleiher, die auch den Transport der eigenen oder geliehenen Räder organisieren, damit der Fahrradtour zurück von Wachtendonk nach Grefrath nichts im Wege steht.

In Ruhe die Niers erleben Nach einer kurzen Einweisung sind wir auch schon auf dem Wasser, und es kann losgehen. Am Startpunkt sehen wir eine kleine Holzbrücke, die uns später am Tag gute Dienste leistet, da man hier mit dem Fahrrad die Niers überque-

Vorbei an Feldern, Wiesen und Wäldern radelt man durch die reizvolle Landschaft des Niederrheins.

Die langsam dahinfließende Niers ist ideal für eine Paddeltour.

ren kann. Doch nun heißt es, sich die Paddel zu schnappen und zusammen mit den Mitstreitern den richtigen Rhythmus zu finden, um mit dem Kanu nicht alle naselang die Uferböschung zu streifen. Dies gelingt normalerweise schon nach wenigen Minuten, und von nun an kann man sich entspannen und die Natur und vor allem die Ruhe genießen. Wer übermäßigen Lärm vermeidet, kann mit etwas Glück Graureiher, Kiebitze und andere Tiere aufspüren. Weitab von geräuschvollen Straßen gleitet man durch die wun-

Naturpark Schwalm-Nette

Ob mit dem Fahrrad, per pedes oder auf dem Rücken eines Pferdes: Der über 400 km^2 große Naturpark ist auf vielfältige Weise zu erkunden. Ein Besuch der Krickenbecker Seen im Norden des Parks mit seinen beachtlichen Vogelpopulationen ist ebenso empfehlenswert wie eine Radtour durch den Brachter Wald, der für sein Damwild bekannt ist. Besonders beliebt ist der Hariksee mit seinem reichhaltigen Freizeitangebot. Die riesige Region mit ihrer sehr abwechslungsreichen Landschaft erstreckt sich von Grefrath bis an die niederländische Grenze. Neben Grefrath verteilen sich beispielsweise noch Ortschaften wie Niedergrüchten, Brüggen, Waldniel oder Kaldenkirchen rund um Schwalm und Nette.

Weitere Infos unter www.npsn.de

derschöne Landschaft des Niederrheins. Für die insgesamt neun Kilometer lange Strecke sollte man zwei bis drei Stunden einplanen und für Pausen leckeren Proviant parat haben. Am Endpunkt der Tour wird man vom Bootsverleiher erwartet, betritt wieder festen Boden und tauscht sein lieb gewonnenes Wasservehikel gegen ein pedalbewehrtes Zweirad.

Der historische Ortskern von Wachtendonk Für das zum Kreis Kleve gehörende Wachtendonk sollte man auf jeden Fall Zeit einplanen. Am besten lässt man das Fahrrad stehen und erkundet zu Fuß den historischen Stadtkern und die Burgruine. Wenn man von der Mühlenstraße kommt, sieht man schon von Weitem das an der Weinstraße erstrahlende, sehr schöne Rathausgebäude aus dem 19. Jahrhundert. Unmittelbar in der Nähe findet sich das Haus Püllen aus dem 17. Jahrhundert, in dem Besucher Informatives über den Naturpark Schwalm-Nette und die Gemeinde Wachtendonk erfahren können. Wir biegen am Rathaus rechts in die Weinstraße und folgen dem Verlauf, bis wir links die Neustraße erreichen. Auch auf der Neustraße finden sich, wie im gesamten historischen Ortskern, viele malerische Gebäude, teilweise wunderbar mit Blumen dekoriert. Am Ende der Straße machen wir einen kleinen Schlenker nach rechts, und schon erreichen wir ein weiteres Highlight Wachtendonks, den Pulverturm, der heute einen Gastronomiebetrieb beherbergt. Wir folgen der Beschilderung und gelangen so nach einigen Hundert Metern zur Burgruine. Wir stehen nun im wohl ältesten Bezirk Wachtendonks. Erwähnt wurde die vergangenen Zeiten angehörende Wohnstätte, die als solche kaum noch erkennbar ist, erstmals 1196. Das im 17. Jahrhundert zerstörte Refugium gelangte erst Ende des 20. Jahrhunderts durch Ausgrabungen wieder ans Tageslicht. Über die Mühlenstraße gelangen wir zurück in den Ort.

Auf dem Rad nach Grefrath Nun beginnen wir unsere Radtour zurück nach Grefrath. Wir folgen der Ausschilderung der Niederrheinroute nach Süden. Nach der Autobahnbrücke biegen wir rechts ab und radeln gemütlich mehr oder weniger geradeaus durch die Landschaft und an Feldern und Höfen vorbei. Nach einer zickzackförmigen Streckenführung gelangen wir über eine kleine Brücke zum Kloster Mariendonk. Der

Blaue Lagune bei Wachtendonk

Sonne, Strand und Wasserspaß ohne Ende bietet die »Blaue Lagune« in der Nähe von Wachtendonk. Das Angebot ist riesig. Wem der wirklich große Sandstrand nicht genügt, der kann sich auf mannigfaltigste Weise den Tag mit allerlei vergnüglicher Kurzweil versüßen. Und damit ist nicht nonstop Eisessen gemeint. Eine Wasserskianlage spornt auch Anfänger an, einfach mal auf die Bretter zu steigen und über das Wasser zu flitzen. Die Eleganz dabei kommt später meist von ganz allein. Danach in die Beachbar zum Erfrischen der trockenen Kehle, bevor es im Hochseilgarten in bis zu 16 m Höhe gut gesichert weitergeht. Bei einem Match Beachvolleyball klingt der Tag bestens aus.

Infos unter www.blaue-lagune.de

Zahlreiche mit Liebe gestaltete und restaurierte Fachwerkhäuser machen den Charme Wachtendonks aus.

Grundstein für das sakrale Gebäude wurde 1899 gelegt, und 1948 erfolgte die offizielle Erhebung zur Abtei. Heute leben dort über 30 Nonnen des Benediktinerordens. Wir bleiben auf dem Niers-Radwanderweg, erreichen die größere Landstraße und biegen nach etwa einem Kilometer nach rechts ab. Auf dem Weg radeln wir, bis dieser nach rechts zur Langendonker Mühle abbiegt. Mit vielen unvergesslichen Eindrücken beenden wir die Tour, jedoch ohne auf eine Stippvisite in Grefrath zu verzichten. Die Gemeinde Grefrath zählt zum Kreis Viersen und wurde als Siedlung erstmals 1177 genannt. Sehenswert ist die spätgotische, Ende des 15. Jahrhunderts vollendete Laurentiuskirche mit dem das Stadtbild prägenden Kirchturm. Im Norden des Ortes finden sich die Dorenburg und einige herrliche Fachwerkhäuser, die zum »Niederrheinischen Freilichtmuseum« gehören. Wer flott unterwegs war, kann hier noch einige Zeit verbringen.

Auf dem Weg von Wachtendonk nach Grefrath passiert man das Kloster Mariendonk.

An der Langendonker Mühle beginnt die Paddeltour auf der Niers.

18 Kohle, Kloster und ein See

Eine kurze Radtour durch Kamp-Lintfort

Tourencharakter
Leichte Radtour durch Kamp-Lintfort. Die Strecke kann auch zu Fuß bewältigt werden.
Ausgangs- und Endpunkt
Parkplatz Kloster Kamp
Anfahrt
A 57, AS Rheinberg, B 510 oder A 42, AS Kreuz Kamp-Lintfort
Streckenlänge
9 km
Markierung
Keine
Karte
Kompass 1:50 000, Nr. 752
Einkehr
Im Kloster-Café oder in Kamp-Lintfort
Information
Kamp-Lintfort Tourismus, Tel. 02842/91 24 44, www.kamp-lintfort.de

Kohlekumpel und Klosterleben, diese zwei Gegensätze sind bestimmend für Kamp-Lintfort. Während Lintfort bis heute stark durch den Bergbau geprägt ist, stellt der kleinere Stadtteil Kamp mit seiner beeindruckenden Klosteranlage die historische Keimzelle der Ansiedlung dar. Eine spannende urbane Symbiose, die es so im Rheinland kein zweites Mal gibt.

Sanssouci am Niederrhein Das Kloster Kamp geht auf das Jahr 1123 zurück, als der Kölner Erzbischof Friedrich I. die Abtei als erstes Zisterzienserkloster im deutschsprachigen Raum aus der Taufe hob. Ein wichtiges geistiges Zentrum der damaligen Zeit war am Kamper Berg geboren. Ende des 16. Jahrhunderts während des Truchsessischen Krieges verlor sich das Kloster in Bedeutungslosigkeit und wurde zerstört. Nach der Rückkehr der Mönche entstand vorwiegend im 17. Jahrhundert der Neubau der Kirche und der angrenzenden Klostergebäude. Ungefähr zu dieser Zeit wurde ebenfalls der Terrassengarten mit Skulpturen, exotischen Pflanzen und später auch barocken Stilelementen geschaffen. Ein kleines »Sanssouci« am Niederrhein. In den kommenden Jahrhunderten verfiel das landschaftsarchitektonische Juwel, und erst 1990 öffnete die Stadt nach mehrjähriger Rekonstruktion die barocke Grünanlage für Besucher. Vor Ort erfährt man an Schautafeln einiges über die Baugeschichte der Abtei, und es wird auf die Ähnlichkeiten zu Schloss Sanssouci in Potsdam hingewiesen. Ebenfalls im Bereich des Klostergeländes sprießen und gedeihen in einem öffentlich zugänglichen Bereich Kräuter in all ihren Formen, Schattierungen und Düften. Der über 500 Quadratmeter große Lehrgarten zeigt Pflanzen, die das ein oder andere »Zipperlein« kurieren kön-

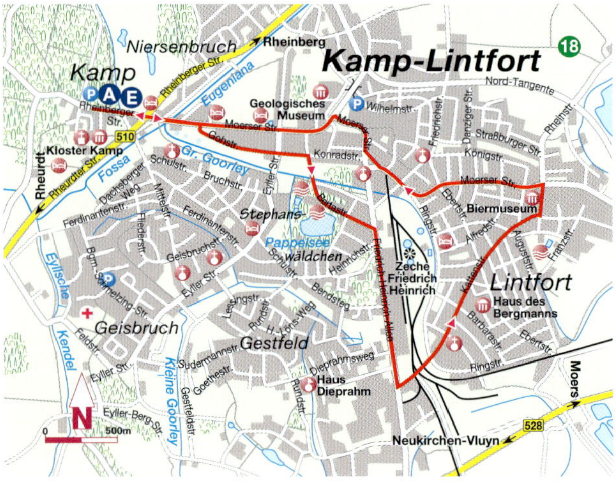

nen. Zum Beispiel die Zaubernuss, deren Blätter und Rinde bei Hautreizungen für Linderung sorgen.

Ein Highlight am Niederrhein. Der Terrassengarten des Klosters Kamp ist wahrlich eine Augenweide.

Steinkohlebergbau Vom Kamper Berg starten wir, entspannt bergab rollend, unsere Tour auf der Rheinberger Straße und fahren immer geradeaus, bis wir zur rechts einmündenden Gohr-

Steinkohle und Braunkohle

In Lintfort, im Bergwerk Friedrich Heinrich, das Teil des Bergwerks West der Deutschen Steinkohle AG ist, wird seit Jahrzehnten Steinkohle abgebaut. Zu besten Zeiten holten die Kumpel bis zu 17 000 Tonnen des »schwarzen Goldes« ans Tageslicht. Steinkohle gehört im Gegensatz zur Braunkohle zu den höherwertigen Kohlen. In der Rohbraunkohle stecken nämlich nur etwa 30 % des Heizwertes der Steinkohle, und sie beinhaltet oft weit mehr Schwefel als ihre »steinerne« Schwester. Beide Naturprodukte sind durch die sogenannte Inkohlung, die Verwandlung von Pflanzen in Kohle, entstanden, wobei die Steinkohle einige Millionen Jahre mehr unter Tage und unter Druck verbracht hat. Diese Aspekte sorgten für die höhere Qualität dieser Kohlenart. Da viele deutsche Fundstätten der Steinkohle heute in Tiefen von mehr als 1000 m liegen, lohnt sich der Abbau aus wirtschaftlicher Sicht nicht.

straße kommen. Blicken wir nach rechts, sehen wir versteckt hinter Bäumen die parallel zur Straße verlaufende »Große Goorly«. Dieser ursprüngliche Bach gehörte einst zu einem verzweigten Gewässersystem des Rheins und wurde erst mit Beginn des Steinkohlebergbaus in Lintfort im Jahr 1906 in seinem Verlauf verändert. Im Bereich der nahe gelegenen Zeche Friedrich Heinrich verschwindet das Gewässer ganz im Untergrund. Wir folgen der verkehrsberuhigten Gohrstraße bis zur zweiten Kreuzung und wenden uns nach rechts in die Bertastraße. Hier breitet sich direkt am erwähnten Bachlauf eine kleine innerstädtische Ruheoase aus. Das 13000 Quadratmeter große Stephanswäldchen mit seinen prächtigen Platanen wird gern von der Stadtbevölkerung zum Entspannen genutzt. Gleichzeitig ist es der End- beziehungsweise Startpunkt des in jüngster Zeit angelegten etwa 2,3 Kilometer langen Wandelweges, der entlang der Großen Goorly bis zum Kloster verläuft.

Freizeitpark am Pappelsee Unser Weg führt uns weiter bis zum Ende der Bertastraße, am Pappelsee vorbei. Dieser ist kein natürlich entstandener See, sondern wurde durch Menschenhand erschaffen, um während der bergbaulichen Anfänge Kies zu gewinnen. Bis in die Sechzigerjahre nutzten die Kamp-Lintforter dieses nasse Kleinod als Quell der Erfrischung und als Badesee. Wer heute seine Freude am Wasser ausleben möchte, besucht das Spaßbad im Freizeitpark Pappelsee. Dieses wird bei weiterlaufendem Betrieb umgestaltet und soll zur Badesaison 2012 in neuem Glanz erstrahlen. In diesem Teil der Stadt, rund um Maria-Theresien-Straße, Krümmerstraße und Bertastraße, entstand Anfang des 20. Jahrhunderts eine der zwei Werkssiedlungen der Zeche Friedrich Heinrich.

Durch die Werkssiedlungen von Lintfort Im Osten des Steinkohlebergwerks befindet sich die sogenannte »Beamtensiedlung«, die aufgrund ihrer günstigen Lage bei vorherrschenden Westwinden weitgehend von schädlichen Emissionen verschont wird. Untergebracht wurde in den großzügig gestalteten und mit aufwendigen Stilelementen versehenen Bauten die »Upperclass« der Zechenbelegschaft. Die Zeche nahm ihren Betrieb vor mehr als 100 Jahren auf und fördert bis heute Kohle zutage. Voraussichtlich Ende 2012 werden die Kumpel zum letzten Mal in den Schacht hinabfahren, denn dann schließen sich die Tore der Zeche nach dem letzten Stand der

Haus des Bergmanns in Lintfort

Mit viel Liebe zum Detail eingerichtet und absolut sehenswert ist das »Haus des Bergmanns« in einem der denkmalgeschützten Häuser der ehemaligen Bergarbeiter-Kolonie Alt-Siedlung. In der Ebertstraße 88 taucht man ein in das nicht immer einfache Leben eines Kohlekumpels und seiner Familie. Möbel aus der Zeit des beginnenden 20. Jahrhunderts, Alltagsgegenstände und Kinderspielzeug sind zu bestaunen. Eine weitere Abteilung beherbergt unzählige Utensilien rund um die Geschichte und die technischen Errungenschaften des Bergbaus. Treten Sie ein, und lassen Sie sich in eine andere Welt entführen. Öffnungszeiten: Mi/So 14–17 Uhr

Weitere Infos unter der Telefonnummer 02842/41784

Bei einer Tour durch Lintfort ist die Zeche Friedrich Heinrich allgegenwärtig.

Der Pappelsee liegt sehr idyllisch mitten in Kamp-Lintfort.

Planung für immer. Für die Stadt ist es eine enorme Herausforderung und Chance, die sich dann ergebende innerstädtische Freifläche mit neuem Leben und Funktionen zu füllen. Die zweite Werkssiedlung im Westen von Friedrich Heinrich, Alt-Siedlung genannt, kommt nicht ganz so vornehm daher wie ihr Luxus-Pendant im Osten. Um dort mit dem Rad hinzugelangen, fahren wir über die Friedrich-Heinrich-Allee nach Süden bis zur nach links abbiegenden Kattenstraße und weiter bis zum Marktplatz mitten in der Alt-Siedlung, der als solcher kaum erkennbar ist. Dieser Teil von Lintfort entstand in mehreren Bauabschnitten von 1907 bis etwa 1930, steht heute unter Denkmalschutz und ist nach umfangreichen Modernisierungsmaßnahmen ein sehr begehrtes Wohnviertel. Vom Marktplatz geht die Tour weiter auf der Kattenstraße bis zur Moerser Straße, auf der wir, wenn wir uns links halten, auf geradem Wege wieder bis zur Klosteranlage gelangen.

19 Badesachen eingepackt

Eine Radtour rund um Xanten

■ Tourencharakter
Fahrradtour ohne Steigungen und Stadtrundgang
■ Ausgangs- und Endpunkt
Bahnhof Xanten
■ Anfahrt
A 57, AS Sonsbeck
■ Streckenlänge
Radtour ca. 20 km
■ Markierung
Unter anderem »2LR« (2-Länder-Radweg)
■ Karte
Kompass 1:50 000, Nr. 752
■ Einkehr
In Xanten, im Archäologischen Park oder sehr friedvoll im Kloster Mörmter (nur Kaffee und Kuchen)
■ Information
Tourist-Information Xanten, Tel. 02801/983 00, www.xanten.de

Wer von Xanten spricht, denkt in erster Linie an den Archäologischen Park der Stadt, der die römische Geschichte lebendig und begreifbar darstellt. Auf einer Radtour rund um die über 2000 Jahre alte Stadt lassen sich jedoch noch andere regionale Juwelen aufspüren. Nordsee und Südsee laden zum Planschen ein, eine Wasserskianlage fordert die Sportlichen heraus, und das alte Stadtzentrum begeistert durch Flair und Charme.

Zu den Franziskanern Etwas außerhalb des alten Stadtkerns von Xanten, am Bahnhof, steigen wir auf die Räder und beginnen unsere Radtour, die über den Weg »Am Langacker« und den Erpratherweg zum Haus Erprath an der Trojanstraße führt. Der historische Rittersitz wurde schon im 14. Jahrhundert urkundlich erwähnt. Einmal im Jahr am »Tag der offenen Gartenpforte« können Besucher das herrliche Anwesen und die Grünanlage besichtigen. Wir folgen dem Radweg am Orwatersweg, der uns nun als 2-Länder-Radweg (2LR) gekennzeichnet Richtung Marienbaum lotst. Zwischenzeitlich;passieren wir am Düsterfeld das Franziskanerkloster Mörmter. Im November 1922 bezogen die ersten Franziskaner das wunderschöne Gebäude mit der angrenzenden Klosterkapelle, in der auch öffentliche Gottesdienste abgehalten werden. Bei einer Pause im Kloster-

Das Franziskanerkloster Mörmter ist nicht nur aufgrund der herrlichen Kapelle einen Zwischenstopp wert.

Archäologischer Park Xanten (APX)

Colonia Ulpia Traiana, so nannten die Römer ihre Metropole am Rhein. Die Archäologen sprechen von 10 000 Einwohnern während der Hochzeit im 2. Jahrhundert nach Christus – damit war die antike Siedlung fast so bedeutend wie das damalige römische Köln. Im weitläufigen APX werden die römische Geschichte und der Alltag der Menschen, egal ob reich oder arm, lebendig. Originalgetreu rekonstruierte Bauwerke wie das Amphitheater, Tempel oder Handwerkerhäuser sorgen dafür, dass die Besucher einen realistischen Eindruck gewinnen können, wie weit die Kultur und die architektonischen Fertigkeiten der Römer zur damaligen Zeit gediehen waren. Zwischen Grünanlagen, antiken Thermen und breiten Alleen findet sich immer ein Plätzchen zum Rasten und Verweilen. Mitmachprogramme für Kinder, Spielplätze und das seit 2008 bestehende Römermuseum machen aus dem APX auch ein exzellentes Ausflugsziel für Familien.

Infos unter www.apx.lvr.de

café genießt man draußen einen leckeren Kaffee, bevor man wieder auf den Drahtesel steigt. An der Mörmterer Straße fahren wir nach links und stoßen auf das rechts liegende Haus Balken im Xantener Stadtteil Marienbaum. Das heutige Gebäude stammt aus dem 18. Jahrhundert und ist in Privatbesitz.

Ein geheilter Schäfer Bevor es nun auf der Vynener Straße Richtung Rhein geht und wir den Radweg »2LR« verlassen, ist ein Abstecher in die kleine Ortschaft Marienbaum zu empfehlen. Im dortigen Museum erfahren Interessierte einiges über den kranken Schäfer, dem im 15. Jahrhundert eine Marienfigur in einem treppenförmigen Baum erschien. Nachdem der Hinfällige das sonderbar geformte Gehölz entdeckte, fielen alle seine Leiden von ihm ab; so wurde Marienbaum zu einem der ältesten Wallfahrtsorte am Niederrhein.

Freizeitspaß par excellence am Xantener Südsee

In Vynen, das 1167 erstmals urkundlich erwähnt wurde, fahren wir über die Rheinallee nach rechts auf den Rheindamm und dann das Ufer des Nordsees entlang, bis wir nach Wardt gelangen. Auf der Mittelstraße durchqueren wir den Ort und folgen der Route auf dem Bankscher Weg, vorbei am Südsee, bis zur Xantener Altstadt.

Willkommen in der Südsee Die Region rund um Vynen und Wardt ist ganz auf Freizeit, Urlaub und Wassersport ausgerichtet. Die Seen sind bestens zum Segeln und Surfen geeignet. Anfänger haben die Möglichkeit, sich in Kursen behutsam auf das sportliche Neuland vorzubereiten. Selbst Taucher kommen auf ihre Kosten. Im Xantener Südsee versteckt sich in zwölf Metern Tiefe ein Schiffswrack, das es zu entdecken gilt.

Liebhaber des Adrenalinausstoßes sind im Adventurepark mit seinem Hochseilgarten genau richtig. Verschiedene Touren unterschiedlicher Schwierigkeitsgrade können gut gesichert in teils luftiger Höhe in Angriff genommen werden. Seichtere Kost verspricht der Hafen in Vynen. Mit seinen Hunderten von Liegeplätzen ist er ein toller Anlaufpunkt für Segler.

Das Mittelalter lässt grüßen Die Besichtigung Xantens unternehmen wir zu Fuß. Der Dom St. Viktor erhebt sich im Zentrum des historischen Stadtkerns und gilt als eine der größten Kirchen zwi-

Naturschutzgebiet Xantener Altrhein und Bislicher Insel

Römer und Wassersport: schön und gut! Doch manchmal muss es einfach die pure Natur sein. Unweit von Xanten kann man diese erleben. Das Naturschutzgebiet Xantener Altrhein und Bislicher Insel ist eines der wenigen großflächigen Auengebiete am Niederrhein. Regelmäßig wird diese Region bei Rheinhochwasser überflutet. Ein einzigartiges Schauspiel ist zu sehen, wenn etwa 20 000 Wildgänse diesen Flecken Erde als Winterquartier wählen. Ferner kann man mit Geduld und Muße einige seltene Vogelarten aufspüren. Ein erstaunlicher Ort, der gern auch von Naturfotografen besucht wird, die mit großer Wahrscheinlichkeit einige exzellente Aufnahmen mit nach Hause nehmen können.

Herrlich angelegte Fahrradwege machen eine Radtour zum Vergnügen.

schen der Nordsee und Köln. Schon im 9. Jahrhundert errichtete man an diesem Ort eine Stiftskirche. Den Grundstein für das neue, im gotischen Stil erbaute Gotteshaus legte man Mitte des 13. Jahrhunderts. Der in der Nähe liegende Marktplatz mit seiner aus dem Jahr 1736 stammenden Pumpe ist ein beliebter Ort, um das rege Treiben in der Stadt bei Kaffee und Kuchen entspannt zu beobachten. Am Nordwall stößt man auf ein weiteres interessantes Gebäude: die voll funktionsfähige, auf der Stadtmauer erbaute Kriemhildmühle. In früheren Zeiten lebte hier der Nachtwächter, später nutzte man sie als Gartenhaus und dann als Ölmühle. Diese Xantener Sehenswürdigkeit wird wegen ihrer Platzierung auf einer Befestigungsanlage »Bärwindmühle« genannt und ist bekannt für das leckere Angebot an Backwaren. Eine Besichtigung ist während der Öffnungszeiten immer möglich. Ebenfalls am Nordwall steht unübersehbar und imposant das 1393 erbaute Klever Tor mit seinen kleinen Rundtürmen. Direkt hinter dem Klever Tor und der Windmühle befindet sich eine schöne Grünfläche, die gut für ein Picknick geeignet ist. Für Naschkatzen und solche, die es werden wollen, ist ein Besuch des Konditoreimuseums am Westwall eine süße Herausforderung. Der Eintritt ist kostenlos. Wir kehren zurück zu unseren Fahrrädern und erledigen den Rest der Tour bis zum Bahnhof gemütlich und ohne Hast.

Wohin des Weges? Kein Problem. Zahlreiche Schilder weisen den Weg zum Tourenziel.

Die Kriemhildmühle in Xanten

20 Begegnung mit Schlössern und Windmühlen

Eine Autotour rund um Kevelaer und Kleve

■ **Tourencharakter**
Gemütliche Autotour mit kurzen Spaziergängen
■ **Ausgangs- und Endpunkt**
Kevelaer
■ **Anfahrt**
A 57, AS Sonsbeck
■ **Streckenlänge**
Ca. 60 km
■ **Markierung**
Keine
■ **Karte**
Kompass 1:50 000, Nr. 752
■ **Einkehr**
In Kevelaer und Kleve große Auswahl
■ **Information**
Niederrhein Tourismus in Viersen, Tel. 02162/81 79 03, www.niederrhein-tourismus.de

Die Region rund um Kleve und Kevelaer ist gesegnet mit den meisten Windmühlen im Rheinland. Einige dieser Bauwerke sind noch in Betrieb und mahlen genauso wie schon seit Jahrhunderten. Als weitere Besonderheit präsentieren sich auf der Strecke einige der schönsten Schlösser der Gegend.

Schloss Wissen Unser Startpunkt ist Kevelaer. Wer genug Lust und Zeit hat, sollte einen Blick ins schmucke Städtchen mit seiner Fußgängerzone werfen. Doch dann beginnt die Tour. Rein ins Auto und los. Wir fahren auf der B9 Richtung Weeze. Nach etwa fünf Kilometern biegen wir rechts in die Schlossallee und erreichen das Schloss Wissen. Die von einem Wassergraben umgebene Anlage liegt landschaftlich sehr reizvoll an der Niers, eingebettet zwischen Wiesen und Feldern. Der älteste Teil der Wasserburg mit der Vorburg stammt aus dem 14. Jahrhundert, ebenso wie das Herrenhaus, welches im 19. Jahrhundert im neugotischen Stil umgestaltet wurde und so neue Türme und Treppengiebel erhielt. Zu jener Zeit entstand auch die heute noch regelmäßig genutzte und nahezu unverändert erhalten gebliebene Schlosskapelle mit Malereien von Eduard von Steinle, der auch im Kölner Dom seine künstlerischen Spuren hinterlassen hat. Eine umfangreiche Restaurierung von 1969 bis 1973 veränderte nochmals einschneidend das Gesicht der gesamten Schlossanlage, die heute ein Hotel beherbergt. Die wenigen erhaltenen historischen Räume und Säle werden für Konzerte genutzt oder können auf Anfrage besichtigt werden.

Auf nach Kleve Die motorisierte Tour führt uns nun über Goch auf der B9 nach Kleve und zur Schwanenburg, die im Zentrum des Kurortes auf einer Anhöhe thront. Dieser Hügel beziehungsweise dieses mehrere Dutzend Meter hohe Kliff (Niederdeutsch: Clive) gab der Stadt am Niederrhein ihren Namen. Die Schwanenburg in der Oberstadt selbst erhielt ihren jetzigen Namen erst zur Zeit der Romantik im 19. Jahrhundert, früher war die Burg unter der Bezeichnung »Het Slot van Cleef« bekannt. Das heutige Erscheinungsbild entwickelte sich im Laufe der Jahrhunderte. Archäolo-

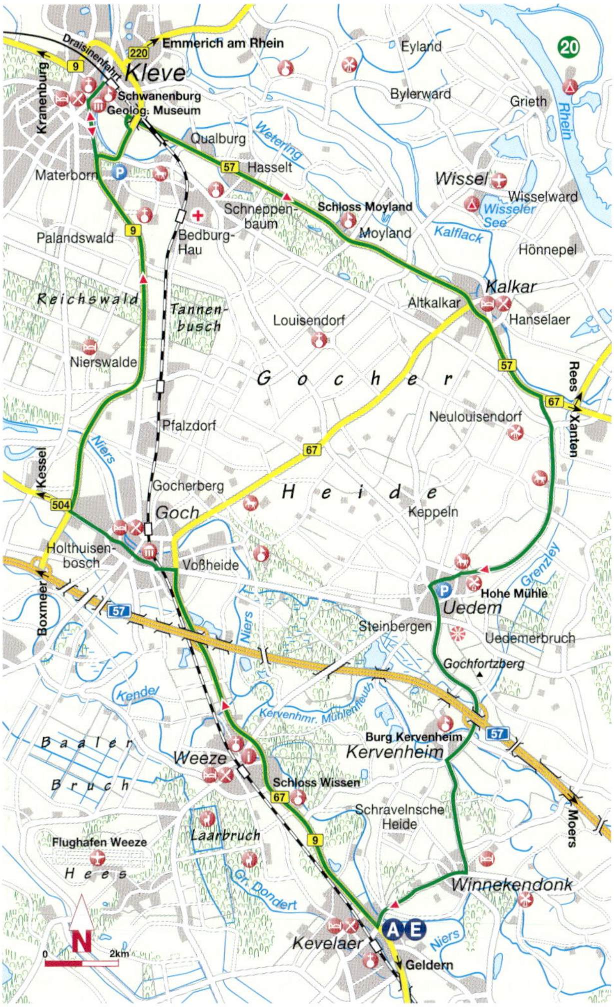

Infotafeln erläutern die Entwicklung und Historie der Schwanenburg im Zentrum von Kleve.

Grenzland-Draisine

Strampeln einmal anders. Nicht auf dem Fahrrad, sondern auf einer Draisine rollt man gemächlich oder flott, je nach Gusto, auf Schienen von Kleve ins Grenzstädtchen Kranenburg. Für die etwa 20 km lange Strecke (hin und zurück) stehen die Modelle »Fahrrad-Draisine« für 2 bis 4 Personen und »Club-Draisine« für 9 bis 14 Personen zur Verfügung. Wer nur eine Strecke zurücklegen möchte, für den kann auch ein Rücktransfer ohne Draisine organisiert werden. In Kleve kommen wir an barocken Gartenanlagen vorbei und haben an mehreren Haltepunkten die Möglichkeit, Interessantes zu entdecken. So erreicht man auf sportliche Art und Weise das historische Kranenburg mit seinen urigen Gassen und zahlreichen Restaurants und Cafés. Nach einer ordentlichen Stärkung geht es zurück zum Klever Bahnhof.

Weitere Infos unter www.grenzland-draisine.eu

gen gehen davon aus, dass schon um 900 nach Christus erste Bautätigkeiten an dieser Stelle stattfanden. Ein kurzer Rundweg um die Burg herum gibt einen ersten Eindruck über die Größe des Bauwerks.

Zu Besuch bei den Grafen Im 12. und 13. Jahrhundert entstand zunächst ein größeres Gebäudeensemble unter anderem auf Veranlassung der Grafen von Kleve, wie Graf Dietrich der VI., der einen spätromanischen Palas errichten ließ. Auf romanischen Burgresten entstanden im 15. Jahrhundert der Spiegelturm und der Schwanenturm. Im 17. Jahrhundert ließ der niederländische Architekt Pieter Post im Auftrag des Fürsten Johann Moritz von Nassau-Siegen die Burg im Stil des niederländischen Barocks umbauen. Heute beherbergen die Gebäude das Amtsgericht und das Landgericht. Über 89 Stufen gelangt man im Schwanenturm in das auf mehrere Etagen verteilte Geologische Museum. Im letzten Stockwerk eröffnet sich ein herrlicher Panoramablick über Kleve und den Niederrhein.
Das nächste Etappenziel heißt Schloss Moyland, befindet sich in Bedburg-Hau und ist etwa zehn Kilometer von Kleve entfernt. Auf dem gleichen Weg, auf dem wir gekommen sind, fahren wir zurück, um dann der B57 zu folgen, bis wir auf einen Kreisverkehr treffen. Von dort aus folgen wir der Ausschilderung zum Schloss Moyland.

Joseph Beuys Das Schloss mit seinen vier Rundtürmen, dem Wassergraben und dem Torbau mit seiner fünfbahnigen Fensterkonstruktion ist eine Augenweide und ein Kleinod. Im 14. Jahrhundert wurde nach Wünschen von Roland von Hagedorn die Burganlage in ihrer Grundform erbaut. In den kommenden Jahrhunderten wechselten die Besitzer häufig, und es fanden einige Umbauten statt. Mitte des 18. Jahrhunderts nutzten der französische Schriftsteller und Philosoph Voltaire und Friedrich II. das Schloss als Treffpunkt, nachdem es zuvor von Alexander Freiherr von Spaen erweitert worden war. Eine entscheidende und deutlich sichtbare architektonische Veränderung erfolgte im 19. Jahrhundert durch den Kölner Dombaumeister Ernst Friedrich Zwirner. Er brachte zahlreiche gotische Stilelemente ein, die heute noch gut erkennbar sind. Unter seiner Direktive entstanden beispielsweise der über dem zweiten Geschoss verlaufende Zinnenkranz und die Backsteinbrücke.

Wunderland Kalkar

Ganz in der Nähe von Schloss Moyland stehen Spaß und Kurzweil an oberster Stelle. Das Wunderland Kalkar hat ein ganz spezielles und einzigartiges Ambiente für seine Attraktionen gewählt. Auf dem Gelände des ehemaligen Kernkraftwerks »Schneller Brüter« entstand neben einem Hotel- und Tagungszentrum Kernie's Familienpark. Dutzende Fahrgeschäfte, darunter eine Achterbahn, ein großes Kettenkarussell im nie genutzten Kühlturm und eine Wildwasserbahn, lassen die Herzen besonders der jüngeren Gäste höher schlagen. Allerdings sind nicht immer alle Attraktionen gleichzeitig in Betrieb. Für Eltern ist es angenehm, dass im Eintrittspreis des Familienfreizeitparks Essen, Softeis und Getränke inklusive sind. So ist auch auf der monetären Seite für Entspannung gesorgt.

Infos unter www.wunderlandkalkar.eu

Im Gegensatz zu den beiden bisher gesehenen Schlössern wurde Moyland am Ende des Zweiten Weltkrieges stark verwüstet. Ein Brand im Jahr 1956 führte zum weiteren Verfall des Schlosses, und erst 1987 begann man, das gesamte Anwesen wieder herzustellen und zu restaurieren. Die heute dort untergebrachte große Sammlung von Werken des Künstlers Joseph Beuys sollte man nicht versäumen.

Wer den Schwanenturm erklimmt, wird mit einem wunderbaren Blick über Kleve belohnt.

Flügellos, aber trotzdem sehenswert: die »Hohen Mühle« von Uedem

Auf dem Rückweg nach Kevelaer fahren wir über Uedem und machen am Stadtrand einen Stopp bei der dortigen »Hohen Mühle«, einer auf dem Katzenberg errichteten flügellosen Windmühle, die heute zwar nicht mehr funktionstüchtig ist, aber als Aussichtsturm eine schöne Aussicht über die niederrheinische Landschaft gewährt. Leider ist das Kleinod nur samstags und sonntags geöffnet. Für die Kinder gibt es einen Spielplatz. Kurz vor dem Endpunkt der Tour in Kevelaer werfen wir noch einen kurzen Blick auf die für das Rheinland so typische Holländermühle in Kevelaer-Winnekendonk.

Orts- und Sachregister

Ebenfalls erhältlich ...

ISBN 978-3-7654-4951-2

ISBN 978-3-7654-5447-9

ISBN 978-3-7654-5292-5

ISBN 978-3-7654-4842-3

Der Autor:

Thilo Scheu, geboren 1965 in Mannheim, absolvierte in Köln ein Studium zum Diplom-Geografen. Nach seiner Tätigkeit als Autor für verschiedene Fernsehsendungen ist er seit 2003 freiberuflicher Reisejournalist und Buchautor. Mit seiner Familie lebt er heute in Düsseldorf und bereist die ganze Welt. Sein Herz schlägt jedoch besonders für seine Heimat: das Rheinland.

Produktmanagement: Claudia Hohdorf
Lektorat: Ute König, Kitzingen
Layout: BUCHFLINK Rüdiger Wagner, Nördlingen
Kartografie: Heidi Schmalfuß, München
Repro: Repro Ludwig, Zell am See
Herstellung: Anna Katavic
Printed in Italy by Printer Trento S.r.l.

Für Hinweise und Anregungen sind wir jederzeit dankbar.
Bitte richten Sie diese an:
Bruckmann Verlag
Postfach 40 02 09
D-80702 München
E-Mail: lektorat@verlagshaus.de

Bildnachweis:
Alle Bilder stammen vom Autor, mit Ausnahme von: Cornelia Scheu, S. 66u., 67, 76

Umschlagvorderseite: Schloss Drachenburg
Umschlagrückseite: Fahrradtour am Xantener Südsee

Die Deutsche Nationalbibliothek verzeichnet diese Publikation in der Deutschen Nationalbibliografie; detaillierte bibliografische Daten sind im Internet über http://dnb.d-nb.de abrufbar.

ISBN 978-3-7654-5452-3